LA FRANCE ET LA RUSSIE

A

CONSTANTINOPLE

Imprimerie de Ch. Lahure (ancienne maison Crapelet)
rue de Vaugirard, 9, près de l'Odéon.

LA FRANCE ET LA RUSSIE

À

CONSTANTINOPLE

LA QUESTION

DES LIEUX SAINTS

PAR

M. POUJOULAT

l'un des deux auteurs de la Correspondance d'Orient
l'auteur de l'Histoire de Jérusalem et de Saint Augustin, ancien membre
de l'Assemblée nationale

PARIS : AMYOT, RUE DE LA PAIX

1853

LA FRANCE ET LA RUSSIE

A

CONSTANTINOPLE

LA QUESTION

DES LIEUX SAINTS.

La question des lieux saints, dont il a été si souvent parlé dans ces dernières années, vient d'éclater au milieu de nous avec des caractères solennels et décisifs. Jamais plus grande question ne fut moins connue. Elle porte avec elle les destinées du nom français en Orient, de son influence dans l'univers; elle embrasse l'avenir des intérêts catholiques dans les contrées d'où la foi nous est venue. Nous allons essayer de la mettre en lumière en quelques pages rapides;

après les avoir lues, on comprendra ce qui se remue en ce moment à Constantinople, l'immense débat qui s'ouvre, et dont la pensée du monde restera longtemps occupée. Il suffira d'ouvrir les yeux pour voir. Le mot de question des lieux saints annonce et résume toute cette énorme affaire, parce que, qu'on le veuille ou non, c'est une question religieuse qui palpite dans les grands débats de l'Orient. La prédominance de telle ou telle communion autour des monuments augustes du christianisme en Judée est la prépondérance de telle ou telle nation européenne; la situation des lieux saints est l'expression permanente de la grandeur ou de l'amoindrissement des forces européennes mises en présence. Les grandes influences dans le Levant mènent à leur suite les avantages qui tiennent à la prospérité matérielle des empires; mais leur point de départ est un intérêt religieux. C'est ainsi que se mesurent dans la Palestine le catholicisme protégé par la France et le schisme grec protégé par la Russie. L'Angleterre, avec la meilleure volonté du monde, ne pouvait s'armer d'aucune prétention sur les lieux saints, mais elle a senti qu'il fallait placer le protestantisme lui-même en face des communions rivales. Elle a installé à Jérusalem un évêque de sa façon, et jette par milliers ses Bibles au sein des nations chrétiennes de l'Orient. On avait vu des politiques qui pensaient n'avoir plus à tenir compte de la religion dans le gouvernement des choses de la terre; il est malheureux pour leurs théories que la religion soit immortelle et qu'il faille toujours la rencontrer quelque part.

Cette immense question des lieux saints n'est pas une nouveauté sous notre plume : il y a déjà de longues années, nous retracions, dans la *Correspondance d'Orient*, l'état malheureux de nos Latins en butte à des tribulations continuelles, à d'audacieuses usurpations, implorant en vain l'appui de notre nation; toutes les fois que l'occasion s'en est présentée, nous avons montré quels liens unissent Jérusalem et la France, quelle magnifique alliance s'est faite entre la Judée et notre patrie, alliance signée du sang de nos héros à côté du sang d'un Dieu. Nous avons répété aux Français de notre temps que nous avions à Jérusalem un illustre héritage à défendre, des droits et des devoirs trop beaux pour les laisser tomber en d'autres mains. Une génération dévorée de la soif de l'or, absorbée par les ardentes préoccupations de l'intérêt, ne prête pas aisément l'oreille à ce qui peut la déranger ou même la distraire sur son chemin; mais il vient un moment où l'on a beau s'enfermer dans ses spéculations comme dans une place forte; les questions montent sur la brèche, font invasion parmi vous; il faut les trancher. Pourquoi la mission du prince Menschikoff a-t-elle si vivement ému les esprits? Parce qu'on sent qu'elle pousse à des solutions qu'on peut bien enrayer, mais non pas retenir toujours. La marche du monde ne prend conseil ni de nos goûts ni de nos calculs; tant pis pour les nations qu'elle surprend et qui ne peuvent suivre. La puissance des souvenirs restera toujours comme un aiguillon pour les âmes. Un peuple se redresse de toute sa hauteur quand on le met face à face avec les grandeurs de son passé. Commençons donc par rappeler à la France quel a été depuis mille ans son rôle en Orient.

I.

Depuis que l'envoi des clefs de l'église du Saint-Sépulcre à Charlemagne constitua la France maîtresse et protectrice du Calvaire et du divin tombeau, combien de fois la Palestine chrétienne est venue nous invoquer, et que de révolutions, quels événements immenses se sont accomplis entre l'Occident et l'Orient! Dès le IXe siècle, Hélie, patriarche de Jérusalem, sollicite notre pitié, nous parle de la pauvreté de ses frères, et nous dit que l'huile manque aux lampes du saint tombeau. A la fin du Xe siècle, un pape français, Gerbert, qui occupa le siége de Saint-Pierre sous le nom de Sylvestre II, publiait une lettre où l'Église de Jérusalem s'adressait à l'Église universelle en termes touchants. « Pourquoi, lui disait-elle, n'aurais-je pas confiance en vous, merveille du monde, si vous reconnaissez que je vous appartiens? Quoique je sois maintenant renversée, l'univers me doit beaucoup; j'ai possédé les oracles des prophètes et des patriarches; les apôtres, ces lumières du monde, sont sortis de mon sein; le Rédempteur de l'univers est venu de moi. » Les plaintes montent et grandissent, l'islamisme gagne de proche en proche, et l'explosion des croisades, à la tête desquelles marche glorieusement la France, fait voir à l'univers une longue suite d'événements prodigieux. Le sens profond de ces guerres héroïques est aujourd'hui connu de tous; il fallait empêcher que l'Europe ne devînt musulmane, et, grâce à l'intrépide initiative de notre nation, la civilisation triompha. Notre épée fonda un royaume français à Jérusalem comme elle fonda un empire français à Constantinople; des princes français occupèrent pendant quatre-vingts ans le trône de David et de Salomon.

A cette époque-là, certes, les lieux saints étaient bien à nous; nous avions payé du plus pur de notre sang cette glorieuse possession. En 1187, lorsque Jérusalem tomba au pouvoir de Saladin, ses conseillers les plus zélés pour l'islamisme lui proposèrent de détruire les sanctuaires vénérés, de faire passer la charrue sur le sol de l'église du Saint-Sépulcre, afin de mettre un terme, disaient-ils, aux pèlerinages chrétiens et à la pieuse ambition des Francs; mais d'autres reconnurent que cette destruction ne servirait à rien, et que, quand même la *terre serait jointe au ciel*, les nations chrétiennes ne cesseraient d'accourir à Jérusalem. Saladin respecta les sanctuaires, et permit à quatre prêtres latins de desservir l'église du Saint-Sépulcre sans payer tribut. Dans les négociations qui suivirent, entre Saladin et nos princes, on stipula le libre exercice de la religion chrétienne dans les lieux saints, et le sultan vainqueur *donna l'église du Saint-Sépulcre* au roi de Jérusalem, le roi dépouillé; il lui laissait aussi la faculté d'entretenir des prêtres francs autour du divin tombeau.

L'islamisme comprenait le respect religieux de nos pères pour ces vestiges dont les souvenirs remuaient si puissamment leur âme et leur imagination. A peu de distance de la basilique, toute remplie des mystères de la passion, il est un lieu que les musulmans tenaient eux-mêmes en grande vénération, c'est la mosquée d'Omar, qu'ils appelaient mosquée Alacsa. « Ce lieu, disait Saladin, ainsi que le rapporte un de ses vieux historiens (Emad-Eddin), ce lieu est le séjour du prophète, le repos des saints, le but du pèlerinage des anges du ciel, le témoin futur de la résurrection et du jugement dernier : là est la pierre d'une beauté sans tache et d'où Mahomet est monté au ciel; c'est là que la foudre a brillé, que la nuit du mystère a resplendi, et qu'ont éclaté les lumières qui ont éclairé tous les points de l'univers. »

Les hommes qui tenaient un tel langage ne s'étonnaient pas des persévérantes stipulations des princes de la croix au profit des lieux saints. L'Occident tout entier s'était armé pour la délivrance de ce tombeau, « le seul qui n'aura rien à rendre au jour du jugement, » et les chefs, surtout les rois de notre pays, ne le délaissèrent jamais dans leur pensée.

II.

Lorsque, après deux cents ans de guerre aux pays d'outre-mer, les colonies chrétiennes eurent succombé en Syrie sous les coups des armées parties d'Égypte, la piété européenne ne s'approchait plus qu'en tremblant des plus vénérables sanctuaires de l'univers. Au milieu de Jérusalem livrée à la domination musulmane, les seuls asiles restés ouverts aux pèlerins étaient les hospices de Saint-Jean et de Saint-Lazare. Quand les hospitaliers se furent éloignés de la ville des prophètes et du Christ, les visiteurs pieux n'y trouvèrent plus personne qui les accueillît ; ils ne rencontraient que des visages ennemis dans ces lieux où les attirait l'ardeur de leur foi. Robert d'Anjou, roi de Naples, inspiré par les devoirs que lui imposait son titre de roi de Jérusalem, s'occupa de remplir le vide que faisait dans la ville sainte le départ des hospitaliers de Saint-Jean et de Saint-Lazare. Il jeta les yeux sur les frères mineurs qui, en 1313, commencèrent autour du divin tombeau leur mission de charité et de vigilance intrépides. Près d'un siècle auparavant, le fondateur de leur ordre, saint François d'Assise, avait visité la Syrie en missionnaire, s'était dirigé vers Damiette que menaçait une formidable armée chrétienne, et avait étonné le soudan Malek-Kamel par l'audace de sa foi. Depuis ce voyage de saint François d'Assise, l'Orient avait toujours vu des missionnaires de l'ordre des frères mineurs, et c'est à eux et aux religieux de Saint-Dominique que le pape Grégoire IX avait confié le soin de prêcher la guerre sainte en Europe et la paix entre les chrétiens. L'établissement des frères mineurs ou franciscains, chargés de recevoir les pèlerins chrétiens et de garder le saint sépulcre, date donc de l'année 1313. Plusieurs bulles des souverains pontifes ont confirmé cette mission. Elle a été confirmée aussi dans les capitulations dont nous aurons à parler.

Plus de cinq siècles se sont écoulés depuis que les disciples de saint François d'Assise ont pris possession des sanctuaires de la Palestine, et malgré les persécutions de toute nature inséparables d'une vie passée au milieu de la barbarie musulmane, ils sont restés au poste d'honneur ! Le royaume français de Jérusalem, fondé par des prodiges de bravoure, ne put durer que quatre-vingt-huit ans, et quelques hommes qui vont nu-pieds avec la robe de laine et le cordon blanc, sans autres armes que la prière, sans autre bouclier que la persévérante énergie de la foi, se succèdent à travers les temps autour du Calvaire et de la crèche de Bethléem, sorte de dynastie religieuse toujours soumise à la même règle et se soutenant par la pauvreté et l'oraison ! Une histoire, qui remontant à la première époque de l'établissement des franciscains en Palestine, nous offrirait le tableau de leurs souffrances, de leurs luttes, de leur patience courageuse, serait d'un intérêt grave et touchant; le récit se changerait plus d'une fois en martyrologe; après avoir vu que les premiers gardiens du saint tombeau furent des franciscains de notre nation, nous verrions aussi que le premier franciscain martyr fut un

Français : il se nommait frère Limin, il était né en Touraine.

On sait l'incomparable grandeur du nom français en Orient à la suite des croisades ; ce nom vainqueur en cent batailles au delà des mers, s'était violemment emparé de l'imagination musulmane ; il représentait en Asie ce qu'il y a de plus haut et de plus terrible dans la force. Jusqu'à la fin du XVIIe siècle, quelque respectable que soit une croyance aux yeux des musulmans, la robe de moine ne suffisait pas pour protéger les pères de la terre sainte ; il fallait que tout franciscain se dît Français; pour les religieux voyageurs, il n'y avait de sécurité en mer que sous la bannière de France. On pouvait aussi arborer utilement la bannière de Venise, car alors cette république était encore puissante en Syrie et en Grèce. La famille des frères mineurs à Jérusalem, à Bethléem, à Saint-Jean dans le désert, à Nazareth, à Ramla, à Saint-Jean d'Acre, à Sidon, à Tripoli, à Damas, sur d'autres points de la Syrie et en Égypte même, se composait de religieux de toutes les nations de l'Europe; mais les religieux français s'y trouvaient toujours les plus nombreux. De même que le génie de la France avait été l'âme des gigantesques entreprises pour la délivrance du saint tombeau, et que de notre pays étaient sortis le plus de croisés, ainsi, par la continuation de la même pensée, c'étaient nos compatriotes qui veillaient en plus grand nombre sur les monuments de la rédemption. A la place de cette royauté de Jérusalem, royauté toute française, de pauvres prêtres des bords du Rhône ou de la Loire, de la Seine ou de la Marne se maintenaient dans les lieux jadis conquis par notre épée, comme une pacifique protestation contre nos malheurs, comme une image de notre domination passée et une espérance pour l'avenir. C'est ainsi que la langue française était parlée dans cette Palestine, où chaque coin de terre a vu une page héroïque de notre vieille épopée d'outre-mer : qui oserait dire qu'il n'y eut pas profit pour notre influence et notre grandeur nationale ? Il y a vingt-deux ans, quand je visitai la terre sainte, je ne rencontrai aucun religieux de notre nation ; je n'entendis parler dans aucun couvent de Syrie la langue des anciens libérateurs du saint tombeau. Depuis la révolution, notre patrie n'a plus été représentée en terre sainte dans la milice de saint François. La dignité de père vicaire, qui appartient de droit à un père de notre nation, est forcément donnée à un autre. Cette disparition de notre langue, très-digne de regret au point de vue de notre influence, forme de plus un contraste avec l'origine même du nom du fondateur des frères mineurs. Cet enfant d'Assise, dont l'âme brûla du feu de la charité, ne s'appelait point François mais Bernardon ; ce fut sa merveilleuse facilité à apprendre la langue française qui lui valut dans son jeune âge le surnom de *François*. Ce nom, qui faisait d'un enfant né dans une ville d'Ombrie un enfant de la France, lui resta. Il est devenu un des plus beaux noms des annales chrétiennes. Nous souhaitons que la France reparaisse sous les pieux étendards de saint François d'Assise, dans ces phalanges obscurément immortelles qui se dévouent à la plus glorieuse des missions. Un noviciat dans ce but s'est récemment établi au milieu de nous ; les vocations ne manqueront pas : l'œuvre sera bénie.

III.

Nous avons prononcé plus haut le nom de Robert d'Anjou, prince habile et lettré, ami de Pétrarque et de Boccace, dont le long règne profita aux intérêts de la terre sainte. Il ne se borna pas à établir les franciscains à Jérusalem; il voulut assurer aux Latins la possession des sanctuaires. Saladin, vainqueur, avait cédé au roi Gui de Lusignan l'église du Saint-Sépulcre, ainsi que nous l'avons dit; d'autres sultans, tels que Akmed-Châh, en 1212, Omar, en 1213, Akmed-Acheref, en 1277, Akmed-Barcout, en 1310, avaient déclaré les Latins possesseurs légitimes des sanctuaires qu'ils occupaient; il prit cependant fantaisie à un sultan, en 1342, de contester aux Francs la propriété des lieux révérés ; que fit alors Robert d'Anjou? C'était un an avant sa mort, il racheta pour de l'argent les lieux saints dans un contrat passé avec le prince musulman. Le pape Clément VI l'en glorifia dans une bulle. Il est fait mention de ce contrat dans les brevets des chevaliers du Saint-Sépulcre.

Nous n'avons point à suivre pas à pas dans les chroniques d'Occident et d'Orient les moindres détails qui se rapportent à notre présence religieuse dans les lieux saints, à nos droits consacrés par l'histoire, la tradition et les actes publics. Nous n'arrêterons l'attention du lecteur que sur les points importants. Aujourd'hui, si vous entendiez les Grecs et les Arméniens schismatiques, qui se sont substitués à notre nation dans la plupart des sanctuaires, ils vous répondraient qu'ils ont été les maîtres de toute éternité; je doute qu'ils voulussent consentir à assigner une date à leur domination, quelque lointaine que pût être cette date; ils ne connaissent rien à l'histoire, et l'ignorance met à l'aise leur conscience. Il n'est pas moins vrai que ce n'est que dans la seconde moitié du XVIe siècle qu'on aperçoit la première trace d'une possession ou plutôt d'une ACQUISITION des Grecs à Jérusalem.

Après la conquête de la ville sainte par le sultan Sélim, en 1517, les Géorgiens, qui avaient précédemment obtenu la moitié du Calvaire, lui demandèrent de les confirmer dans leur situation. Les Géorgiens étaient pauvres ; ils gardèrent peu de temps cette moitié du Golgotha, et les Grecs devinrent leurs héritiers à prix d'argent. Ainsi ont commencé leurs prétendus DROITS. Auparavant et durant plus de trois siècles, les droits des Latins, les vrais droits, placés sous la garde de la France, avaient reçu des consécrations par un grand nombre de firmans des soudans d'Égypte, maîtres de Jérusalem : trente-deux de ces firmans sont conservés dans les archives de terre sainte. Le même sultan Sélim, qui laissa les Géorgiens occuper en paix une portion du Calvaire, déclarait, en 1558, que la possession de tous les autres sanctuaires devait rester aux Latins.

La grotte de Bethléem tentait fort les Grecs ; elle leur paraissait une proie digne de toute l'énergie de leurs efforts. Ils élevèrent des prétentions en 1564 et en 1565 : la cause fut deux fois portée au pacha de Damas, et deux fois les

Grecs échouèrent. Ils s'unirent aux Arméniens pour porter la question à Constantinople. Ahmed était alors assis sur le trône des sultans ; il prit conseil des autorités de Jérusalem et délivra aux Latins un firman qui les reconnaissait les seuls maîtres de la grotte de la Nativité et de l'église de Bethléem. Savez-vous ce que c'est que cette église de Bethléem ? c'est une ancienne basilique que nos rois français de terre sainte avaient réparée et embellie. Baudouin Ier y fut sacré roi. Ce souvenir aurait dû suffire pour la défendre contre toute usurpation étrangère. Mais la majesté de notre histoire nationale ne protégera pas pour toujours contre la convoitise des Grecs la basilique de Bethléem.

IV.

Il est temps de montrer les droits catholiques dans la terre sainte, placés sous la garantie de quelque chose de plus sérieux et de plus haut que des firmans : nous allons les trouver environnés de toute l'autorité qui s'attache aux stipulations les plus solennelles ; ils reposeront sur la foi des traités internationaux. Nous voulons parler des capitulations entre la France et la Porte. L'alliance de François Ier avec Soliman II, alliance qui étonna et froissa les sentiments chrétiens de cette époque, fut un coup de génie pour résister aux formidables envahissements de Charles-Quint, et pour reprendre vivement en Orient, sous une forme nouvelle, les traditions de l'influence française. Nous n'avons pas à considérer ici les capitulations de 1535, dans leur portée commerciale et politique ; nous ne les rappelons que parce qu'elles ont déclaré les droits des Francs dans les lieux saints, l'ancienneté de leurs titres, la légitimité de leur possession. Notre premier ambassadeur à Constantinople fit entendre, pour les gardiens latins du saint sépulcre, un langage que tous ses successeurs devaient parler ; La Forêt eut le premier cet honneur, La Forêt, qui eut pour maître dans la langue grecque Lascaris lui-même, et qui, simple gentilhomme d'Auvergne, dut à son savoir la belle mission dont il se montra digne.

Nous avions sur le mont Sion, à côté de la vieille église latine du Saint-Cénacle, un couvent que les franciscains avaient bâti dès le premier temps de leur établissement en terre sainte ; ils le possédaient depuis deux siècles, quand la ruse le leur enleva : tout lieu où un santon a prié se transforme en un sanctuaire musulman ; un santon ayant fait son oraison dans le monastère du mont Sion, ce monastère se changea en mosquée ; les Latins furent forcés de l'abandonner. La perte d'un lieu rempli de tant de beaux souvenirs chrétiens avait été comme une blessure profonde faite au cœur de nos religieux francs. Ils pensèrent que le roi de France, devenu l'ami du sultan, leur obtiendrait la restitution de leur ancienne demeure; ils ne savaient pas que cette restitution était contraire à la loi musulmane, qu'une mosquée ne peut pas redevenir une église, du consentement de l'autorité turque, et que cela passait la puissance même du grand Soliman II. François Ier risqua une lettre au sultan, qui ne fit pas tout ce que lui demandait son allié, mais dont la réponse fut une large confirmation des droits des Latins, en y ajoutant le droit permanent de réparer les édifices religieux. On ne sera pas fâché de lire cette lettre de Soliman, dont les armes furent la terreur du monde, et qui éleva l'empire ottoman au degré le plus haut de sa grandeur.

« Toi, qui es François, bey du pays de France, vous avez envoyé au palais des sultans, et à ma porte de félicité, qui est l'orient de l'aurore de la prospérité, et le lieu que viennent baiser les lèvres des rois et des princes, une lettre dans laquelle vous avez parlé d'une église appartenant jadis aux chrétiens, à Jérusalem, qui fait partie de notre empire bien gardé, et devenue ensuite une mosquée. J'ai pris une connaissance détaillée de tout ce que vous avez dit à ce sujet. L'amitié et l'affection qui existent entre ma glorieuse majesté et vous, rendent vos désirs admissibles auprès de ma personne, source de bonheur; mais cette affaire ne ressemble pas à toute autre affaire de domaine et de propriété; elle concerne notre religion. D'après l'ordre sacré de Dieu très-haut, créateur du monde et bienfaiteur d'Adam, d'après la loi de notre prophète, soleil des deux mondes (que sur lui soient la bénédiction divine et le salut!), cette église est depuis longtemps une mosquée, et les musulmans y ont fait la prière. Il est contraire à notre religion qu'un lieu qui porte le nom de mosquée, et dans lequel se fait la prière, soit maintenant altéré par un changement de destination. Quand même notre loi autoriserait en général ce changement, votre demande ne pourrait être accueillie auprès de ma personne, source de bonheur. *Les lieux autres que la mosquée continueront de rester entre les mains des chrétiens* (les latins); personne ne molestera, sous notre équitable règne, ceux qui y demeurent. Ils y vivront tranquillement, sous l'aile de notre protection ; *il leur sera permis de réparer leurs portes et leurs fenêtres ; ils conserveront en toute sûreté les oratoires et les établissements qu'ils occupent actuellement,* sans que personne puisse les opprimer et les tourmenter d'aucune manière. Qu'on le sache ainsi. »

Sous Henri II, les religieux qui veillaient à la garde des lieux saints n'eurent pas besoin d'être défendus contre des entreprises ennemies, mais les pèlerins de Jérusalem n'étaient pas à l'abri des insultes et des avanies. Henri II, ce roi d'un esprit rare, qui poursuivit l'œuvre de François Ier, avec sa grande et profonde diplomatie jusqu'ici peu connue[1], chargea son ambassadeur, de La Vigne, d'obtenir de Soliman plus de respect pour les pèlerins de la ville sainte. Le roi le demandait non-seulement pour *ses sujets,* mais encore pour les sujets de ses *amis et confédérés*, ce qui est digne de remarque et ce qui donne le caractère le plus élevé à l'ancien protectorat exercé par la France en Orient. Un firman, daté de Scutari,

1. M. Charrière, en publiant dans le tome II des *Négociations de la France dans le Levant,* les pièces diplomatiques relatives au règne de Henri II, a singulièrement relevé la renommée du successeur de François Ier.

de l'année 1559, accorda tout ce qu'avait désiré le *très-puissant et grand prince des princes des chrétiens*. Ceci nous amène à constater un fait, qui est un immense honneur pour notre pays, c'est que, pendant des siècles, les chrétiens d'Orient, à quelque communion qu'ils appartinssent, n'ont eu que la France seule pour les protéger.

V.

L'influence française en Orient se manifeste avec éclat sous Louis XIII. Les Arméniens avaient commis des actes de spoliation à Bethléem et à Jérusalem; nos catholiques étaient chassés de plusieurs de leurs sanctuaires. Leurs plaintes ne se firent pas inutilement entendre du roi de France. En 1621, une mission réparatrice fut confiée à Deshayes, qui nous a laissé l'intéressant récit de son voyage. « Le roi, dit la relation, dépescha le sieur Deshayes vers le Grand Seigneur pour faire chastier l'insolence de ces usurpateurs, et apporter à ces pauvres religieux le soulagement qu'ils espéroient de son authorité. Et afin qu'à l'advenir ils peussent estre plus promptement secourus au besoin, et que les pèlerins qui vont visiter ces saints lieux y peussent recevoir de l'assistance, il lui commanda d'establir un consul à Hiérusalem pour les protéger sous son nom et tenir la main à l'exécution des commandemens que son ambassadeur obtiendroit à la Porte en leur faveur. Sa Majesté désirant aussi rendre quelque hommage à celuy de qui seul elle relève, voulut que le sieur Deshayes offrist en son nom au saint sépulchre une chapelle d'argent, avec plusieurs autres ornemens les plus riches que l'on ait encore veus en ces lieux-là : et ayant appris que l'église de cet auguste monument et celle de Bethléem, qui toutes deux, ont été basties par sainte Hélène, avoient besoin d'estre réparées, il lui commanda d'obtenir permission d'y faire travailler et donna ce qui étoit nécessaire pour les réparations. »

Deshayes, muni de ses pouvoirs et porteur de quatre cent mille francs que le roi destinait au saint sépulcre, se rendit d'abord à Constantinople. Il y passa six semaines. Quand la France parlait, elle était écoutée. L'envoyé de Louis XIII fit entendre ce que le roi lui avait commandé. C'est en corrompant les autorités de Jérusalem que les Arméniens s'étaient fait déclarer possesseurs des lieux enlevés à nos catholiques; ils espéraient que les mêmes moyens les défendraient contre les réclamations de la France; trente mille écus remis aux ministres du sultan Osman avaient pour mission d'écarter la justice et le bon droit; mais l'influence de notre pays se trouva plus puissante que l'or de la corruption. Un firman du sultan nous donna pleine et solennelle satisfaction. Voici ce firman tel qu'il fut traduit pour le roi Louis XIII et tel que nous le retrouvons dans la relation de Deshayes. C'est une des pièces les plus importantes de la question des lieux saints.

« L'empereur Osman, fils de l'empereur Acmat, tousjours victorieux.

« Moy, qui suis par les infinies grâces du tout-puissant Créateur, et par l'abondance des miracles du chef de ses prophètes, empereur des victorieux empereurs, distributeur des couronnes aux plus grands princes de la terre, serviteur des deux très-sacrées et très-augustes villes, belles entre toutes celles du monde, Mecque et Médine, protecteur de la saincte Hiérusalem, seigneur de la plus grande partie de l'Europe, de l'Asie et de l'Afrique, conquise avec notre victorieuse espée : à sçavoir des pays et royaumes de la Grèce, de Thémisvar, de Bosna, de Seget, de Natolie, de Caramanie, d'Égypte et de tous les pays des Partes, Curdes et Géorgiens, de la Porte de Fer, des pays du prince des Petits Tartares, de Cypre, de Diarbéquir, d'Alep, d'Erserum, de Damas, de Babylone, de Balzara, des Arabies, d'Abech, de Thunis, de Tripoly de Barbarie, et de tant d'autres pays, isles, destroits, passages, peuples, familles, générations et de tant de milliers de millions de valeureux soldats, qui reposent sous l'obéissance et justice de moy qui suis l'empereur Osman, fils de l'empereur Acmat, de l'empereur Mahomet, de l'empereur Amurat, de l'empereur Sélim et de l'empereur Soliman, par la grâce de Dieu, recours des plus grands princes du monde et refuge des honorables empereurs.

«Au benin prince et approuvé seigneur, distributeur des éminentes dignités, de tous obéy et honoré, et à ce destiné par l'immense miséricorde divine, le bascha Ferouc, qui auparavant fut bey de Naplouse, et maintenant a pour son entretenement la principauté de Hiérusalem, la félicité duquel Dieu conserve! et au révérend seigneur, sage et juste juge, fontaine de la vraie prudence, oracle de la justice et de la vérité, héritier de la doctrine des prophètes et à ce destiné par l'immense miséricorde divine, le seigneur Moulacady de Hiérusalem, la doctrine duquel augmente! étant arrivé ce mien sacré et impérial seing, vous saurez que l'empereur de France m'a fait entendre que de toute ancienneté, les prêtres et religieux francs qui servent les églises et lieux de dévotion, qui sont, tant dans la ville de Hiérusalem qu'aux environs, comme aussi les pèlerins qui les vont visiter, avoient accoustumé de n'estre point inquiétés et de vivre en pleine liberté, conformément aux impériales capitulations qui sont entre nous, et que mesme de toute ancienneté ils sont en possession de l'église de Bethléem : car encore que par le passé ils ayent permis à la nation arménienne et aux autres nations chrétiennes d'avoir une chapelle en ladite esglise de Bethléem, pour y faire leurs prières selon leurs usages; si est-ce qu'ils se sont tousjours réservé à eux la grotte où Jésus est né (à qui soit honneur et gloire!) laquelle est au-dessous de l'église : et quoique par plusieurs fois les autres nations chrétiennes leur en ayent voulu débattre la possession, il a tousjours été jugé qu'il n'y avoit que les religieux francs qui eussent droit à l'église de Bethléem et qui pussent célébrer la messe ou liturgie en ladite grotte, ni moins y allumer des lampes : et que si les autres nations chrétiennes y avoient des chapelles, célébroient leur messe ou liturgie dans ladite grotte, ce n'estoit que par permission des religieux francs : ce qui appert par plusieurs commandemens des sultans d'Égypte, qui depuis la conqueste du pays ont esté confirmez au temps que régnoit l'heureuse mémoire de mon miséricordieux ayeul sultan Soliman (qui soit en gloire), et approuvés par plusieurs cadis.

«Mais que, nonobstant cela, la nation arménienne a, depuis quelque temps, d'authorité privée et avec violence, fait attacher deux lampes dans la grotte où Jésus est nay, et que leur évesque Grégoire et leur interprète Codaverdy prétendent y avoir droit, et en suite de ce d'en garder les clefs entre leurs mains, pour y entrer quand bon leur semblera, afin d'y célébrer leur messe ou liturgie, et que mesmes par le moyen de quelques faux témoins qu'ils ont corrompus, ils en ont eu des cogets ou attestations des moulacadis de Hiérusalem, et conformément à iceux, ont pris un impérial commandement, dont ils se prévalent contre les religieux francs, et leur veulent troubler leur jurisdiction, et particulière possession, en célébrant leur messe ou liturgie dans ladite grotte, sans leur en demander la permission. Et que ladite nation arménienne prétend d'estre participante au gouvernement et en la possession de l'église où est enfermé le sépulchre qui est appellé par les chrestiens le sépulchre de Jésus..

« Et encore que de toute ancienneté les religieux francs ayent accoustumé en faisant leurs oraisons et processions en ladite église, d'allumer deux cierges auprès de la pierre appellée la pierre de l'onction; ce qui a de tout temps esté défendu à toutes les autres nations chrétiennes : nonobstant la nation arménienne dit à présent avoir droit d'y en allumer, puisque le gardien qui estoit auparavant leur en a donné la permission. Davantage encore que de temps immémorial, les religieux francs soient en possession du sépulchre de la bienheureuse Vierge, et que par charité seulement ils ayent donné des oratoires ou chapelles en l'église dudit sépulchre aux nation chrestiennes, pour y faire leurs oraisons selon leur usage, sans leur avoir jamais voulu permettre de célébrer leur messe ou liturgie dans ledit sépulchre ; ce nonobstant la nation arménienne depuis quelques jours ne se contentant pas de l'oratoire ou chapelle qu'elle a en ladite église, prétend de célébrer la messe dans ledit sépulchre, et inquiéter par ce moyen la possession des religieux francs : partant afin que les églises et lieux que les religieux francs possèdent d'ancienneté juridiquement, conformément aux capitulations et titres qu'ils ont entre leurs mains, soient de nouveau rendus, et qu'ils ne soient plus troublez en leur possession par les Arméniens et autres nations chrestiennes.

« Non-seulement l'empereur de France nous en a requis par lettres, mais encore son ambassadeur nous en a prié en son nom ; de manière que, ayant égard à la supplication qui nous en a esté faite en mon sublime trosne, et que l'empereur de France a toujours esté sincère amy de mes ayeuls et bisayeuls, et semblablement avec mon éminente Porte, la requeste a esté de mon impérial consentement. C'est pourquoy afin que tous les lieux qui d'ancienneté estoient en la possession et au gouvernement des religieux francs leur soient derechef rendus et consignez en leurs mains, et que ceux qui voudroient brouiller et inquiéter à l'avenir lesdits religieux en soient destournez et empeschez, mon impérial commandement est intervenu. Je commande qu'à l'arrivée de ce mien haut et impérial commandement, accompagné d'entre les chaoux de ma souveraine Porte, de l'honorable parmy ses semblables, Isouph (le bonheur duquel croisse!), vous faciez selon le contenu en iceluy que les églises et lieux de dévotion de la ville de Hiérusalem et des environs, qui de toute ancienneté souloient estre tenus et possédez par les religieux francs, leur soient restituez et rendus, et les en faciez jouir en la mesme sorte et manière qu'ils ont fait par le passé, et empeschiez qu'ils ne soient molestez, faschez, ny troublez par les Arméniens, et par les autres nations chrestiennes.

« Et mesme vous procurerez que les lampes et chandelles que les Arméniens ont, puis naguères, mis en Bethléem et en la pierre de l'onction, soient ostées, et à aucun vous ne concéderez chose quelconque contre la coustume de ces églises, qui anciennement estoient en la possession des religieux francs, et ne permettez qu'il y ait difficulté ou contradiction, commandant après très-expressément à la nation arménienne et aux autres nations chrétiennes de ne s'entremettre plus en aucune façon imaginable aux églises et lieux de dévotion qui leur appartenoient d'ancienneté : à sçavoir en la grotte de Bethléem, où Jésus est nay, et à son sépulchre; ensemble à l'entrée de la sépulture de la Vierge, et encore en divers lieux, ausquels les religieux francs de temps ancien souloient avoir leurs oratoires et monuments, ausquels vous ne permettrez en aucune façon que les Arméniens et autres chrestiens célèbrent leurs messe ou liturgie; et ceux qui voudront faire difficulté, vous les retiendrez et empescherez; et encore ceux, lesquels soient Arméniens ou d'autres nations, qui ne se contenteront mais chercheront et voudront contredire à ce mien impérial commandement pour raison des lieux qui appartiennent aux nations franques, prétendant d'avoir en leurs mains escritures et impérial commandement, bien qu'ains fust, ne laisserez pourtant d'obéyr à ce mien impérial commandement, et aurez soin que comme les lieux susdits estoient au commencement en la possession et gouvernement des religieux francs, ils le soient encore maintenant; après qu'à vostre diligence les lampes et chandelles que les Arméniens y avoient mises y soient ostées : semblablement encore après que vous les aurez empeschez de célébrer la messe aux oratoires des religieux francs, vous n'escouterez plus leur débat. Ains les renvoyerez et les escritures des deux parties, en ma souveraine Porte, afin que leurs procès soient veuz et décidez en mon très-juste et très-noble divan, en la présence de mon grand vizir et de mes casiasquiers, selon la sacrée justice.

« Et le susdit Grégoire, évesque des Arméniens, et Caudaverdy son interprète ayant esté cause de quelques scandales, pour avoir dit plusieurs paroles indécentes contre l'honneur des religieux francs, vous ferez que ledit Caudaverdy interprête ne s'ingère plus en cela, et vous commanderez audit évesque qu'en toute façon il demeure en son devoir, sans user de choses à luy indécentes : mais au cas qu'ils y retournent, et que cela vienne dérechef en mon impériale cognoissance, vous en serez bien repris, l'évesque sera démis de son évesché, et ledit Caudaverdy sera banny. Partant vous userez de grande diligence, et prendrez bien garde qu'aucune chose ne soit faite contre ce mien souverain et impérial commandement, lequel après avoir leu vous consignerez ès mains des religieux francs, et ajouterez foy à ce mien sacré et impérial seing. Escrit à Daoust Bascha lès Constantinople à la my lune de gui maaziel ahir, l'année du prophète mille trente (*qui est l'année de Christ mille six cent vingt un, le sixième de may*). »

Ce qu'il y a surtout de remarquable et de frappant dans le firman qu'on vient de lire, c'est le fréquent retour à cette idée capitale que les religieux francs ont été de toute antiquité possesseurs des lieux saints, et que les prétentions contraires, appuyées par la corruption ou la ruse, sont une sorte de révolte contre ce qui a toujours été. Toutes les fois que le gouvernement ottoman a voulu juger cette question avec un peu d'équité, il a toujours vu derrière les Latins le cortége des siècles déposant en leur faveur. Le temps, la sincérité et l'évidence ont toujours été pour eux.

Armé de ce firman si ferme et si complet, Deshayes se dirigea vers Jérusalem; des lettres particulières lui avaient été données pour le pacha et le mouphti de la ville sainte, afin d'assurer la prompte exécution des ordres du Grand Seigneur. Le grand mouphti de Constantinople avait autorisé par des fetvas le voyage de l'envoyé du roi. Les beylerbeys ou gouverneurs généraux, les sandjac-beys ou commandants des provinces, devaient le faire accompagner de cinquante chevaux dans toute l'étendue de leur territoire et veiller à sa sûreté. Deshayes rencontra à Jérusalem des difficultés suscitées par l'argent des Arméniens; trente mille livres distribuées à diverses autorités étaient autant d'obstacles qu'il fallait vaincre. Les premières dispositions des officiers de la ville ne furent point favorables aux ordres venus de Constantinople; puis les avis se partagèrent; le fanatisme musulman semblait vouloir s'en mêler, et le bey crut prudent de donner une imposante escorte à l'envoyé du roi. Mais l'énergie de Deshayes triompha dans le divan de Jérusalem; il avait menacé de retourner à Constantinople pour se plaindre du refus qu'on opposait à la volonté souveraine du sultan. Toutes les résistances fléchirent; le firman fut exécuté. On chassa les Arméniens des lieux saints qu'ils avaient usurpés; les religieux francs en reprirent possession. Les officiers de Jérusalem permirent que l'église du Saint-Sépulcre et les autres églises de la terre sainte qui menaçaient ruine fussent réparées; ils consentirent aussi à l'établissement d'un consul français chargé de protéger les catholiques. Après vingt-deux jours passés à Jérusalem, Deshayes partit accompagné des personnes de sa suite et de plusieurs religieux qui cheminèrent avec lui jusqu'à Ramla. Il avait fait respecter la France en face des tombeaux de Godefroy et de Baudouin, et la relation ajoute ces courtes paroles : « Il fit connaître combien le roy avait de puissance en ces lieux, quoique éloignés. »

VI.

En d'autres pays que la Turquie, des décisions souveraines, une fois prononcées, termineraient le débat; il n'y aurait plus à y revenir. Mais dans l'empire ottoman on achète la justice comme la marchandise au bazar; la vénalité se met au service des prétentions les moins fondées. Les autorités de Jérusalem et de Damas, et le divan même de Constantinople ne décourageaient jamais les vaincus; les dissensions autour des lieux saints étaient une exploitation productive; la cupidité musulmane battait monnaie avec la mauvaise foi et le mensonge des Grecs et des Arméniens. Ajoutons encore que les drogmans de la Porte sont presque toujours des Grecs, et que les affaires les plus simples deviennent inextricables quand leur subtilité déloyale a pris à tâche d'obscurcir ou d'outrager la vérité.

Les Grecs, battus sur la question d'antério rité de droit dans la possession des lieux saints, et ne se croyant pas apparemment bien solides avec le prétendu firman d'Omar en leur faveur, firman fabriqué après coup et sans valeur aucune, imaginèrent d'intéresser directement les musulmans dans la cause et de les déclarer seuls vrais propriétaires des lieux saints; un firman d'Osman II leur donna tort. Ces affirmations, qui sont devenues les lieux communs des ennemis des catholiques à Constantinople, ne peuvent pas se soutenir en présence des traités, en présence de tant de décisions et d'actes publics, émanés de l'autorité musulmane, déclarant que les lieux saints appartiennent aux Latins en légitime et vieille propriété.

Personne n'ignore la vivacité des défiances musulmanes contre les Francs; que de fois les Grecs cherchèrent à les exciter contre les religieux latins ou à profiter de certains éclats de la violence ottomane pour saisir ce qu'ils convoitaient! C'est ainsi qu'en 1634 les brutalités de Mourad IV envers les Européens, à Constantinople, leur vinrent en aide. Mourad IV, un des plus odieux personnages de l'histoire, manquait au droit des gens; il faisait empaler deux interprètes de l'ambassade française pour les punir de l'accomplissement de leur devoir; il forçait notre ambassadeur, M. de Marcheville, à quitter Constantinople, parce que celui-ci avait demandé avec insistance des réparations. M. de Marcheville avait, le premier parmi les ambassadeurs, fait célébrer des prières dans les églises pour le roi son maître, et l'ambassadeur d'Autriche ayant voulu en faire autant, l'envoyé de France avait protesté, disant que son souverain était seul protecteur des églises d'Orient. L'ambassadeur anglais, sir Peter Wych, s'était vu dépouiller de son épée de chevalier. Un riche commerçant de Venise avait expié sur le gibet le tort d'avoir braqué du haut de sa maison une lunette d'approche vers le sérail du Grand Seigneur. Des insultes de tout genre, des confiscations et des emprisonnements avaient jeté l'effroi à Péra et à Galata. Tout était resté impuni. La France, livrée alors aux horreurs de la guerre civile, ajournait sa vengeance. L'Angleterre ne se trouvait pas mieux en mesure. La république de Venise n'eût pas été assez forte pour lutter à cette époque contre la puissance ottomane.

Ce fut alors que les Grecs, à l'aide de quelques musulmans dont ils payèrent la complaisance, mirent la main sur une des trois clefs de la porte de Bethléem et prirent possession du berceau du Messie. Ils s'emparèrent aussi de l'église de Bethléem et de la pierre de l'onction dans l'église du Saint-Sépulcre. L'iniquité soldée présidait aux délibérations du divan de Stamboul ; l'or du patriarche grec excitait des émotions populaires contre les Francs. Un firman de Mourad IV laissa les Grecs dans les sanctuaires qu'ils venaient d'usurper. Mais deux ans plus tard, en 1636, le sultan, mieux informé, convaincu que l'œuvre des Grecs était une imposture, révoqua ce firman par un décret dont l'original est conservé dans les archives de terre sainte; on y conserve aussi l'acte d'exécution que donna le tribunal de Jérusalem.

Mourad IV, dans ce firman réparateur, invoquait les décrets d'Osman Ier dans les années 1563 et 1564, les documents judiciaires des années 1631 et 1632, qui mentionnaient les décisions des sultans d'Égypte au profit des religieux francs. Le firman de Mourad cite les sanctuaires dont les Grecs s'étaient saisis par de *fausses écritures* et qui devaient rentrer sous la main des Francs : la grotte de Bethléem avec ses clefs, les deux petits jardins qui l'environnent, la pierre de l'onction, la moitié du Calvaire, les sept arceaux de Sainte-Marie, les deux coupoles de plomb, grande et petite, depuis si longtemps possédés par les Francs. Le décret impérial ajoute que les Grecs, les Arméniens et les autres chrétiens n'ont pas plus le droit de prétendre à ces divers sanctuaires qu'au couvent de Saint-Sauveur à Jérusalem, et aux églises et monastères de Nazareth, qui ont toujours et sans contestation appartenu aux Latins. Les franciscains victorieux répandirent, en Orient et dans la chrétienté, une feuille grand in-folio, ornée d'images de saints, renfermant la *Relation de la recouvrance des lieux saints*, avec des lettres datées de Jérusalem, du 11 août 1636, et de Galata, du 9 avril de la même année.

La longue persistance des Grecs, malgré des échecs successifs, est un spectacle vraiment curieux; ils tentaient toujours de nouveaux coups, parce qu'ils trouvaient toujours des pachas à acheter. Peu de temps après leur défaite à

Constantinople, le pacha de Damas leur délivra une attestation qui les mettait en possession de l'église du Saint-Sépulcre, de la grotte et de l'église de Bethléem; l'or plaida également leur cause à Constantinople; un firman leur fut accordé. Onze mois après, un autre firman les frappait de déchéance. Ils ne s'appliquèrent pas moins, dans la suite, à faire renouveler le plus souvent possible le firman impérial surpris une fois. C'étaient autant de titres qu'ils se créaient à leur façon; les marchés passés avec la conscience turque leur tenaient lieu des monuments de l'histoire. Ces firmans, successivement obtenus, n'eurent jamais leur acte d'exécution : le tribunal de Jérusalem ne les enregistrait point. L'accomplissement de ces formalités leur eût seul donné de la valeur; mais les Grecs ne les gardaient pas moins précieusement : les faux semblants de légalité leur suffisaient.

On a vu, dans les précédentes pages, comment Deshayes, parlant au nom du roi Louis XIII, fit triompher nos droits; il pouvait s'inspirer du souvenir de François de Brèves, ambassadeur de Henri IV, négociateur habile et lettré, versé dans la connaissance des livres, des langues d'Orient, qui soutint noblement auprès du sultan la cause catholique, et visita la terre sainte pour faire sentir de plus près aux religieux francs la protection de la France. Deshayes se rappelait les exemples d'un autre ambassadeur de notre pays, envoyé à Constantinople sous la régence de Marie de Médicis, Achille de Harlay, qui ne voulut pas fléchir le genou devant le sultan comme les autres représentants des puissances européennes, et dont la mission fut célèbre par un magnifique éclat, par les services rendus aux chrétiens et le rachat d'un nombre considérable d'esclaves. Le grand vizir ayant fait entendre qu'un ambassadeur du roi n'avait à donner ses soins qu'aux affaires du commerce, Achille de Harlay lui répondit ces belles paroles : « Le roi n'estime pas autant les soins que je puis prendre en cette cour pour son service royal et temporel, ni les plus précieux avantages de ses sujets dans le commerce de ce pays, que la grande attention avec laquelle je dois m'appliquer à ce que les religieux francs conservent la garde des saints lieux de notre vénération. » Après ces divers représentants du roi très-chrétien, qui firent leur devoir à Constantinople dans la question des lieux saints, en voici un, M. de Nointel, qui ne devait le céder en fermeté à personne, car il représentait la politique de Louis XIV. Sa mission est un des brillants souvenirs du XVIIe siècle ; nous en donnerons quelques détails.

VII.

C'était en 1670. Candie, après un long et terrible siége, venait de tomber au pouvoir des Ottomans : la république de Venise en avait été maîtresse pendant plus de quatre siècles et demi. Six mille Français commandés par le duc de Navailles et bientôt rappelés par Louis XIV étaient allés secourir un moment les Vénitiens, et cette intervention passagère n'avait pas été de nature à resserrer les liens d'amitié entre la France et la Porte. Ce fut alors pourtant que M. de Nointel, succédant à M. de La Haye, parut à Constantinople chargé d'instructions très-hautes ; il entra dans le port de la capitale ottomane avec trois vaisseaux de guerre et un brûlot que commandait l'amiral d'Apremont. M. de Nointel n'entendait pas saluer la ville impériale, si d'avance il n'était sûr que les batteries du sérail lui rendissent le salut ; le kaïmakam et le kapitan-pacha répondirent négativement aux ouvertures faites à cet égard, se fondant sur les usages ottomans qui ne le permettaient point. Que fit l'escadre française? elle passa devant le sérail avec ses canons muets au grand étonnement de la flotte turque et mouilla au-dessus de la tour de Léandre. L'ambassadeur n'avait pas oublié que le drapeau de la France n'était pas accoutumé aux affronts. La diplomatie ottomane n'a jamais négligé les ruses; il eût été malaisé de venir à bout des fermes résolutions de l'ambassadeur de Louis XIV; il était plus facile de faire appel à la galanterie française. M. de Nointel et M. d'Apremont reçoivent la visite du kislar-aga ou chef des eunuques ; la sultane Validé l'avait chargé de leur dire que le lendemain elle traverserait le Bosphore pour se rendre avec sa suite à Scutari et qu'elle espérait être saluée par les représentants d'une nation dont elle avait si souvent entendu vanter la galanterie. L'ambassadeur et l'amiral répondirent qu'ils rendraient à la sultane mère les honneurs qui lui étaient dus comme femme et comme princesse, mais que ces honneurs ne s'adresseraient qu'à elle seule. Et quand la sultane passa avec ses élégantes et nombreuses felouques, les quatre bâtiments de guerre la saluèrent du feu de leurs batteries : ils étaient pavoisés de drapeaux bleus semés de fleurs de lis, de longues flammes blanches qui flottaient à travers l'azur du ciel, et de larges pavillons dont les plis trempaient dans les flots de la mer.

La curiosité du public a été éveillée sur la façon dont les ambassadeurs font leur entrée à Constantinople, et nous ne craindrons pas de parler du cortége de M. de Nointel depuis Galata jusqu'au palais de l'ambassade. Reçu d'abord par le chaousch-bachi ou capitaine des janissaires et par le vaivode de Galata, le nouvel ambassadeur trouva une escorte composée de cent azabs ou mousquetaires à pied, de cent janissaires et de cent chaouschs armés de cimeterres et de masses d'armes, montés sur des chevaux avec des selles et des housses éclatantes de broderies d'or. Deux chevaux de main, que lui envoyait le kaïmakam, lui furent présentés par deux palefreniers turcs ; ils avaient des housses brodées en or et en perles et des rênes et des étriers d'argent où brillaient les rubis et les émeraudes. Les interprètes français portaient des habits de satin, des robes d'écarlate doublées de martre et des bonnets de zibeline. Le nouvel ambassadeur et l'ancien M. de La Haye s'avançaient précédés de quatre trompettes richement vêtus ; leurs instruments d'argent ornés de banderoles splendidement brodées ne cessaient de se faire entendre. M. de La Haye, monté sur un cheval blanc, était vêtu d'un habit de velours noir à boutons d'or et portait un collier de perles autour de son chapeau ; M. de Nointel, monté sur un cheval isabelle, portait un habit écarlate tout couvert de dentelles ; une touffe de plumes blanches surmontait son chapeau. Puis venaient, sur de beaux coursiers, les secrétaires, une foule de gentilshommes de la première noblesse de France et tous les négociants français de Constantinople. Des masses de curieux remplissaient les rues et les fenêtres et couvraient les toits. Cent bombes et une décharge de mousquetaires turcs rangés devant le palais de l'ambassade, saluèrent l'arrivée de l'envoyé du roi à sa demeure. Tout, dans ce cortége, annonçait le représentant d'un grand empire. M. de Nointel était magnifique : on fut ébloui de la richesse de ses présents et de l'abondance de ses largesses.

Les précédents ambassadeurs français avaient eu à se plaindre des procédés du grand vizir : M. de Nointel ne voulut pas le voir ; le prince Menschikoff a fait comme lui dans la mission qui occupe en ce moment l'attention du monde. Le roi avait donné l'ordre à son envoyé de ne communiquer ses instructions qu'au sultan lui-même. Mais le sultan était alors campé à Andrinople. L'attitude de l'ambassadeur français à l'égard du grand vizir lui créait des retards pour son voyage au camp impérial ; il lui fallut confier l'objet de sa mission à Panajoti, un des plus habiles et des plus célèbres interprètes qu'ait eus la Porte Ottomane. Le chevalier d'Arvieux [1] nous apprend que Panajoti était très-spirituel, très-rusé, fin et fourbe autant qu'un Grec peut l'être, qu'il détestait la religion catholique, et qu'il s'était particulièrement déclaré ennemi des Français parce qu'il n'en tirait aucun profit, tandis qu'il recevait des pensions considérables des représen-

1. *Mémoires du chevalier d'Arvieux*, t. IV.

tants des autres nations. De plus, Panajoti faisait du sultan tout ce qu'il voulait. Il prit à tâche d'empêcher le succès de M. de Nointel, ou au moins de lasser sa patience.

La mission de M. de Nointel était grande et belle. Au nombre des articles les plus importants consignés dans la note française, on voyait figurer la restitution des sanctuaires de la Palestine, ravis de nouveau aux catholiques, et le protectorat des églises d'Orient, dont le roi de France voulait faire son droit à l'exclusion de toute autre puissance. L'église des capucins de Galata, brûlée depuis quinze ans, devait sortir de ses cendres, et désormais les églises devaient être réparées sans qu'il fût besoin d'en demander la permission. Louis XIV, au milieu des préoccupations immenses d'un règne si plein et si éclatant, n'avait pas oublié que la grandeur française en Orient, c'est la possession des lieux saints par les Latins, c'est le catholicisme énergiquement et hautement protégé. D'autres intérêts avaient trouvé place dans les instructions données à M. de Nointel. Le roi voulait que tous les esclaves français fussent aussitôt remis en liberté; que la Porte ne reçût dans les ports ottomans aucun navire étranger, si ce n'est sous pavillon français ; que les commerçants de notre nation ne payassent qu'un droit de trois pour cent à la douane ; que le commerce des Français avec l'Inde se fît en franchise par la mer Rouge ; que les ambassadeurs de France pussent visiter, sans la permission de la Porte, les échelles du Levant où se trouvaient établis des négociants français.

Ces demandes parurent d'abord exorbitantes au gouvernement ottoman ; M. de Nointel les porta devant le sultan au camp d'Andrinople. Comme le divan semblait peu disposé à les accueillir, l'ambassadeur fit partir pour la France un attaché, le chevalier d'Arvieux, avec des lettres destinées à M. de Lionne, ministre des affaires étrangères. La réponse de la cour de Versailles fut un ordre de retour immédiat dans le cas où le divan persisterait à refuser. Le divan effrayé souscrivit à tout. Les anciennes capitulations furent ainsi renouvelées avec les articles que Louis XIV y fit ajouter.

« Le renouvellement des capitulations, dit le chevalier d'Arvieux, fit grand bruit à la cour et à la ville, et beaucoup d'honneur à M. de Nointel. On en parlait comme d'une merveille. On mit ce grand événement dans la *Gazette*. On fit crier par les colporteurs des relations imprimées qui avaient pour titre : *Le renouvellement et la nouvelle alliance du Grand Seigneur avec le Roy, et le rétablissement de la foi catholique dans l'empire ottoman, par M. de Nointel*. Ce ministre, dit encore le chevalier d'Arvieux, profita si habilement des victoires continuelles du Roy et des conquêtes glorieuses que Sa Majesté avait faites dans les Pays-Bas, qu'il fit changer tout d'un coup de face à la négociation. Le grand vizir qui s'aperçut que les ministres du Roy ne lui écrivaient plus sur cette affaire, craignit avec raison que le Roy ne songeât tout de bon à se venger des lenteurs affectées de la Porte. Il crut qu'il fallait conjurer la tempête, dont les suites auraient pu être funestes à son maître et à lui : car quelque fierté qu'ils affectent, ils connaissent fort bien leur faiblesse, et savent qu'à un monarque comme le nôtre, rien n'est si facile que de mettre le désordre chez eux. Il fit dresser les capitulations sur les mémoires qu'on lui avait donnés et fit venir M. de Nointel à Andrinople; il les lui remit avec des lettres pour Sa Majesté et pour ses ministres. Cela s'exécuta après le retour de la campagne de Pologne[1]. »

Notre triomphant ambassadeur se mit à parcourir à son aise le Levant pour envelopper en quelque sorte de ses rayons protecteurs les intérêts français et les intérêts catholiques. Il fut le premier Européen qui entra dans le Parthénon, et le génie des arts profita de sa visite au temple de Minerve. La grotte d'Antiparos, si célèbre par ses stalactites, était comme fermée et perdue ; M. de Nointel en renouvela la mémoire en y pénétrant avec une suite de plus de cinq cents personnes, composée des gens de sa maison, de marchands, de corsaires et d'habitants de l'île. Il y passa les trois jours de la fête de Noël. La messe de minuit y fut un prodigieux spectacle. Les parois d'albâtre de cette grotte, devenue une nouvelle grotte de Bethléem, étincelaient de l'éclat de cent cierges et de quatre cents lampes. Au moment de l'élévation, les murs retentirent du son des trompettes et des hautbois, des flûtes et des chalumeaux. Le ciel semblait être descendu dans ce sanctuaire nouveau où les émotions

1. *Mémoires du chevalier d'Arvieux*, t. V.

religieuses furent si vives, et, comme le dit l'inscription latine gravée sur le marbre qui servit d'autel, le Christ lui-même assista à la célébration de sa nativité. De tels spectacles relevaient les catholiques de la Grèce dans le respect des nations hostiles ou rivales. M. de Nointel se rendit aussi dans la terre sainte pour y parler de la France, et sa présence à Jérusalem fut pour les Latins comme une victorieuse fête.

VIII.

Les conventions signées en 1673 ne défendirent pas longtemps les religieux de la terre sainte contre les entreprises ennemies. Nous avons parlé du Grec Panajoti, interprète très-capable et très-influent de la Porte; il était parvenu à obtenir un firman qui remettait les chrétiens de sa nation en possession des sanctuaires restitués aux Latins par les soins de M. de Nointel. Mais peut-être se défiait-il de son droit ou n'était-il point rassuré sur les secrètes voies qui l'avaient conduit à ce succès, car il mourut sans avoir révélé son trésor au patriarche grec. Le firman fut trouvé dans les papiers qu'il laissa. Nous en avons lu la traduction. Les motifs sur lesquels se fonde cette spoliation font pitié. On invoque le *commandement* de Mourad IV, et ce commandement fut révoqué par Mourad lui-même! On affirme qu'il n'a pas été possible aux religieux francs de montrer des titres antérieurs aux titres des Grecs! On accuse les Latins de faire du prosélytisme au profit de leur *abominable religion*, et d'avoir bâti à Bethléem un couvent semblable à une forteresse *menaçante!* Les Grecs se saisirent de ce firman, œuvre de mensonge, et les Latins, encore une fois dépouillés, adressèrent des plaintes que Louis XIV entendit. M. de Châteauneuf, ambassadeur du roi à Constantinople, conduisit énergiquement les négociations; il rencontra une bonne et loyale volonté dans le vizir Moustapha-Képrilu, un des plus grands ministres de l'empire ottoman, appartenant à cette famille de Képrilu dont les longs et signalés services empêchèrent, durant la seconde moitié du XVIIe siècle, la ruine des sultans. Un hatti-chérif de Soliman II, remis à M. de Châteauneuf, réintégra en 1690 les religieux francs dans les lieux vénérés qui étaient leur héritage.

En 1698, tandis que les ambassadeurs de la Porte, de l'Autriche, de Venise, de la Pologne et de la Russie, préludaient au traité de Carlowicz, ce monument de la supériorité des États européens et de la décadence des Turcs[1], les franciscains de la terre sainte eurent la pensée de placer leurs droits sous la garantie solennelle de ce traité; ils adressèrent à l'empereur d'Autriche une supplique en latin, dans laquelle ils énuméraient leurs anciens priviléges, tous les lieux saints qui leur avaient appartenu et leurs principaux griefs contre les Turcs; leur supplique se rencontra avec les réclamations des trinitaires et des jésuites de Chio. Mais le représentant de la Porte voulut se borner à des articles de protection générale en faveur des chrétiens. Dans les conférences qui précédèrent le traité de Passarowicz, si glorieux et si important pour l'Autriche, il fut de nouveau question du privilége exclusif que sollicitaient les franciscains; les plénipotentiaires ottomans jugèrent à propos de passer outre. C'est de la France seule que les vieux gardiens de la terre sainte devaient recevoir l'accomplissement de leurs vœux. En 1720, une ambassade du sultan Ahmed III porta à

1. *Histoire de Jérusalem*, chap. XXXII.

Louis XV un firman qui accordait *l'entière possession de l'église du Saint-Sépulcre*. En échange de ce firman, la Porte demandait que la France intervînt auprès de l'ordre de Malte, pour que les navires maltais respectassent la marine ottomane. La France y consentit. Elle rendit aussi la liberté à quatre-vingts prisonniers turcs qui furent conduits à Constantinople, par l'ambassadeur, le marquis de Bonnac.

L'histoire des lieux saints devient celle de notre diplomatie à Constantinople. La France, à chacune de ses grandes apparitions sur les rives du Bosphore, fait triompher son droit à Jérusalem, parce que son droit au saint sépulcre résume sa force morale et politique en Orient. Depuis la chute du royaume latin fondé en Syrie par la vaillance des premiers croisés, jamais le nom français ne fut autant respecté en terre sainte que dans la première moitié du règne de Louis XV; notre influence à Constantinople était alors souveraine : l'empire ottoman se défendait par le génie de notre diplomatie autant et plus que par ses armes. La paix de Belgrade, en 1739, après trois ans de luttes contre les Autrichiens et les Russes, avait fait aux Turcs une bonne situation : ce traité était surtout l'ouvrage d'un ambassadeur de Louis XV, du très-habile marquis de Villeneuve. Constantinople, devenue le centre des grandes affaires du monde, le foyer de l'activité politique de l'univers, voyait à l'œuvre les représentants de l'Europe, les représentants même des petits États ; le mouvement, la pensée, les intérêts de l'Occident et de l'Orient s'y remuaient, et c'est le poids des conseils ou des volontés de la France qui déterminait les importantes résolutions ; la France marchait la première; aussi obtint-elle sans peine, en 1740, le renouvellement des anciennes capitulations. La Porte concéda à notre nation des avantages nouveaux et considérables; nos religieux latins, qu'il fallait toujours défendre contre les usurpations, furent replacés à ce haut rang d'où la haine jalouse s'obstinait à vouloir les faire descendre. Les anciennes capitulations devinrent un traité d'amitié et de commerce en vingt-quatre articles, le même qui régit encore aujourd'hui les relations de la France avec la Porte. Quelques années plus tard, M. de Vergennes, successeur du comte Desalleurs à Constantinople, ajoutait un firman de plus à cette série d'actes solennels qui ont établi nos droits.

Les faits ont parlé : ils portent avec eux une lumière qui pénètre la conscience. Le passé, un long et grand passé plaide notre cause. Nous avons pour nous l'invincible justice. On a vu comment les rois de France soutenaient leurs droits en Orient. Les révolutions sont venues, et avec elles l'oubli des vieux temps de la France, l'oubli de la gloire religieuse et de la plus illustre des cités de la terre. Les religieux gardiens des lieux augustes ont vu leur part diminuer de jour en jour. On ne réclamait que mollement. Les dons répétés des Grecs et des Arméniens à Constantinople et à Jérusalem amoindrissaient continuellement notre héritage; et, chose curieuse, plusieurs de ces firmans qui nous enlevaient des sanctuaires parlaient de nos droits et entendaient les respecter. Ce qui d'abord ressemble ici à une amère ironie est une réserve providentielle qui perpétue nos droits lors même qu'on les viole audacieusement.

IX.

Les voyageurs ont raconté l'incendie de l'église du Saint-Sépulcre en 1808. Cet incendie fut moins un accident fortuit que l'œuvre de calculs pervers. Les ennemis des Latins, qui ont pour eux la richesse, avaient spéculé sur les ravages du feu ; ils étaient en mesure d'être les premiers à réparer. Or, là-bas, les premiers qui réparent sont les maîtres. La haine des Grecs contre les religieux catholiques éclata par un acte sauvage. Il y avait, dans une chapelle au-dessous du Calvaire, les tombeaux de Godefroy et de Baudouin ; l'incendie ne les avait pas touchés ; la main des Grecs les brisa et jeta au vent les cendres héroïques. Les tombeaux des deux rois français étaient là comme les protecteurs de nos catholiques; les libérateurs du divin sépulcre semblaient défendre encore les gardiens des saints lieux au milieu de Jérusalem devenue musulmane, et les Grecs trouvèrent beau de se jeter sur ces morts glorieux qui n'étaient plus que de la poussière.

Depuis le succès de M. de Vergennes dans la cause des lieux saints, c'est-à-dire depuis un siècle, rien d'important n'a été fait au profit de ces traditions et de ces souvenirs. Les efforts de la France, troublés par les révolutions, se sont bornés à réintégrer en 1802 les Latins dans la grotte de Gethsémani, et à obtenir de la Porte, en 1811 ou 1812, par l'intermédiaire de M. de La Tour-Maubourg, la déclaration que les travaux des Grecs dans l'église du Saint-Sépulcre incendiée laissaient entiers les anciens droits des catholiques. Mais nulle réparation, nulle restitution ne vint consoler les religieux francs. Le gouvernement de la restauration n'avait qu'à se souvenir pour comprendre son droit et son devoir dans cette question nationale. Une entente avec la Russie était la voie la plus sûre et la meilleure. Louis XVIII se concerta avec l'empereur Alexandre ; des négociations s'ouvrirent entre Paris, Pétersbourg et Constantinople, dans les années 1819 et 1820. Nous laissons ici la parole à un homme de cœur et d'intelligence qui eut l'honneur de prendre part à ces négociations et qui, depuis peu, les a utilement rappelées à la France.

« Là (à Constantinople), dit M. le comte de Marcellus [1], par les ordres de M. le duc de Richelieu, ministre des affaires étrangères, l'ambassadeur, mon chef direct, me chargea de lier des relations confidentielles avec le patriarche de Jérusalem, Polycarpe, et le patriarche général, Grégoire, si célèbre par sa constance et son martyre aux premiers jours de la révolution grecque. Nos conférences préliminaires durèrent pendant une partie de l'année 1819. En 1820, les deux nobles représentants des deux puissances chrétiennes, unis depuis longtemps par l'amitié la plus intime, le baron Strogonoff et le marquis de Rivière, après avoir arrêté la marche qu'il convenait de suivre, demandèrent d'un commun accord à leurs cours

1. Dans le journal *l'Assemblée Nationale*, le 18 février 1853.

respectives, comme un préambule indispensable, l'envoi d'un officier diplomatique en Palestine, pour s'y enquérir des griefs, et y préparer les voies de la conciliation.

« Je fus désigné par la France, ainsi que M. Daschkoff, plus tard, ministre de l'instruction publique, alors conseiller d'ambassade, pour la Russie. J'arrivai le premier à Jérusalem, muni des lettres des dignitaires du synode et des firmans de la Sublime Porte. J'entamai et j'entretins des conférences assidues avec les vicaires des patriarches, et je ne quittai pas la ville sainte sans en emporter l'espoir de voir, facilitée par nos explications préalables, une si désirable entente. M. Daschkoff ne put arriver qu'après mon départ, il m'écrivit bientôt qu'il avait trouvé à Jérusalem les mêmes dispositions favorables que j'y avais laissées, et qu'il en rapportait les mêmes impressions et les mêmes espérances.

« Les résultats de notre mission commune, mais non simultanée, furent soumis à l'appréciation de nos chefs, qui les échangèrent entre eux; des bases d'accommodement avaient été posées : on allait se livrer à leur examen, lorsqu'au commencement de l'année 1821, éclata la révolution hellénique, suivie des guerres de l'indépendance. Ces convulsions, on le sait, remuèrent l'Orient longtemps encore après la collision sanglante de Navarin, et le calme ne s'y établit jamais assez solidement pour permettre au gouvernement de la restauration de renouer des fils brisés par un si violent orage [1]. »

Depuis cette époque, les intérêts catholiques de la terre sainte ont souffert de plus en plus. Nos Latins ne possèdent plus dans l'église du Saint-Sépulcre que deux chapelles. Ils sont comme des étrangers dans ces lieux où notre nation fut si longtemps souveraine, et leurs ennemis voudraient leur faire croire que la France est effacée de la carte du monde. Cette vieille libératrice des lieux saints est outragée dans la personne religieuse de ses protégés, quand ils s'aventurent à célébrer les saints mystères au pied de l'autel du divin tombeau. Deux ans de suite, au moment de la célébration pontificale de la messe du vendredi saint, les Grecs ont fait tomber les lampes sur

1. On trouvera, à la fin de notre travail, un état des propriétés et des prérogatives des Latins dans la terre sainte, dressé par M. le comte de Marcellus.

le père gardien et sur le patriarche catholique; et ces insultes grossières se sont passées sous les yeux du consul français!! En avril 1846, les Latins, au moment d'une cérémonie à la chapelle du Calvaire mise ce jour-là à leur disposition, ayant voulu toucher au tapis des Grecs pour placer leurs ornements catholiques, les Grecs s'y opposèrent avec violence; une rixe scandaleuse éclata; le sang coula : c'était le vendredi saint! Au mois de juillet 1847, on voyait dans l'église de Bethléem, à la chapelle des Mages, une colonne couverte d'une tapisserie appartenant aux catholiques; cette tapisserie fut enlevée par les Grecs, qui, à prix d'argent, trouvèrent le moyen de se donner raison.

Ce serait se méprendre gravement que de ne voir là que de petites choses : ce sont des choses nationales; la France y donne sa mesure. Les moindres échecs qu'elle subit dans les lieux saints retentissent dans tout l'Orient et sont autant de coups de hache portés à son influence. En 1847, les Grecs ont dérobé à nos Latins l'étoile d'argent incrustée dans le marbre au pied de l'autel de la Nativité. L'inscription latine attestait notre possession antérieure et gênait les communions rivales : pensez-vous qu'il n'y ait là qu'un vol, une affaire de police correctionnelle? Ce larcin, consommé sans réparation, a été un événement, et tous nos frères d'outre-mer s'en sont émus, et les ambassades catholiques de Constantinople ne sont pas restées de sang-froid, et le nom de la France en a souffert, car le firman de restitution obtenu en janvier 1848 n'a jamais été exécuté. Lorsque Deshayes, de Brèves ou Nointel s'en allaient à Jérusalem, ils entendaient accomplir, non pas seulement un acte pieux, mais un grand acte politique : c'était une façon de prendre possession des lieux saints. La France se retrouvait chez elle en face du saint tombeau et du Calvaire, et semblait dire à l'Orient : « J'ai ici des droits et des devoirs, des enfants et des monuments, un grand passé auquel je demeure fidèle, un grand avenir dont mes propres destinées ne se sépareront point. Je suis ici dans mon histoire, et je veux la continuer. »

X.

Qui rencontrons-nous sur le chemin de nos droits en terre sainte? Où sont les difficultés et les périls? Il nous faut parler du schisme grec. Nous en parlerons avec le respect qui est dû aux nations et surtout aux nations chrétiennes, mais avec l'indépendance de l'histoire.

L'Écriture nous dit que l'esprit de Dieu souffle où il veut. Il délaissa la nation grecque qu'il avait longtemps et inutilement conviée à revenir à la vérité et qui paya cher sa rébellion religieuse. Que voyons-nous au fond du schisme grec quand il commence à lever la tête avec Photius et qu'il se consomme avec Michel Cérulaire? Nous voyons la jalouse animosité de Byzance contre Rome; l'empire ayant été transféré sur les bords du Bosphore, on voulait y transférer aussi la suprématie religieuse. Et l'ambitieux Photius, esprit vaste et lettré, qui d'abord avait rêvé de se faire César, songea à se faire pape byzantin. Le schisme grec veut que l'Esprit saint ne procède que du Père, et le *Filioque* a misérablement retenti dans les querelles théologiques du Bas-Empire; mais la grande affaire était de ne pas reconnaître le pape de Rome; le schisme se résume dans une déplorable question de rivalité. Il est malheureux pour l'Église grecque d'avoir pour fondateur un personnage convaincu d'imposture; un concile général de Constantinople condamna Photius, non-seulement comme schismatique, mais encore comme *usurpateur et faussaire*. L'infirmité morale qui s'attache à ce qui ne reçoit plus la vie de l'unité catholique vint s'ajouter aux vices d'un peuple en décadence. Lorsque, à la fin du XIe siècle, nos loyaux et fiers croisés furent en présence de la nation grecque à Constantinople, ils sentirent avec énergie le mépris et le dégoût. Plût au ciel que dès ce moment-là ils eussent pris cette capitale comme ils la prirent un siècle plus tard! Ils n'auraient pas laissé la trahison derrière eux et auraient assuré le succès de leurs guerres héroïques. Quel honteux spectacle que celui de ces Grecs, à la fois agenouillés devant les armées des Francs et empoisonnant leur nourriture et leur boisson, les trompant quand ils leur servaient de guides, informant secrètement les Turcs de leurs plans et de leurs itinéraires, mettant leur félonie au service des ennemis de la croix! En 1204, la conquête de Byzance par les Latins, conquête que souillèrent les plus condamnables excès, fut une terrible vengeance. Que de fois l'Église byzantine, rameau séparé du tronc catholique, se trouva à la veille de rentrer dans l'unité! Mais les passions populaires s'y opposaient toujours. Les Grecs polis et corrompus traitaient les Francs de barbares, et comme la papauté romaine était derrière eux, ils les détestaient bien plus que les Turcs.

Cette papauté qu'ils haïssaient aurait pu les sauver des coups de Mahomet II et de l'invasion musulmane; mais au XVe siècle on n'aurait pas remué une épée en Occident au profit des Grecs à la fois schismatiques et coupables de tant de perfidies à l'égard des armées d'Europe. Leur séparation religieuse les avait isolés dans le monde chrétien : ils furent vaincus, et cette nation qui depuis cinq siècles étonnait l'univers par tant de faiblesses et de crimes, eut la bonne fortune de tomber avec des rayons de gloire : l'héroïsme de Constantin Paléologue a jeté de l'éclat sur cette dernière page. Quelle histoire que celle de ces onze siècles, de 330 à 1453! Otez les figures de Constantin, de Théodose, de saint Basile, de saint Grégoire de Nazianze, de saint Athanase, de saint Jean-Chrysostome, de Justinien et de Bélisaire, d'Héraclius et de Basile, que reste-t-il à admirer? Plus de la moitié des empereurs arrivent par des voies odieuses; la brutalité prend la place de la justice et des lois, et le clergé grec, qui gouverne les âmes sous le bon plaisir des Césars byzantins, traîne son servilisme de siècle en siècle et n'a pas même assez d'autorité pour faire entrer un peu de force morale dans les affaires de l'empire. Basile, à son lit de mort, avait dit à son fils Léon qui allait lui succéder : « Mon fils, défiez-vous de Photius ; cet homme a creusé un abîme sous mon trône. » L'abîme s'est trouvé immense, et les catastrophes se sont pressées pour justifier les prévisions d'un empereur mourant.

L'existence des Grecs, depuis la chute de

Constantinople sous les coups des Turcs, a été un abaissement continu dans la servitude. La vive activité de leur esprit leur est toujours venue en aide; ils se sont maintenus par la tolérance accordée à leur culte religieux, par des services habilement rendus, par une disposition à tout supporter en attendant d'autres temps, et enfin par leur application au commerce dont le trésor impérial profitait toujours.

Le clergé de cette nation, à de rares exceptions près, ne sait rien ni des belles-lettres anciennes, ni de l'histoire, ni de la théologie ; rien n'égale l'ignorance, les préjugés, la superstition du peuple. Le schisme grec s'est établi à Jérusalem avec ses vieilles haines contre les Latins, avec ses ardeurs passionnées contre d'autres croyances, aves ses procédés quelque peu rapaces qui dépouillent les pèlerins afin de remplir les caisses destinées à assouvir la cupidité des autorités musulmanes. Les impôts étranges mis sur tous les actes du pieux pèlerinage, et quelquefois même sur la confession, ont pris de telles proportions, que, depuis quelques années, les pèlerins russes, par l'ordre de leur gouvernement, déposent, en arrivant à Jaffa, entre les mains de leur agent consulaire, la somme nécessaire à leur retour. Avant cette précaution, ils quittaient Jérusalem aussi dépouillés que s'ils étaient tombés entre les mains des bédouins de la Palestine. Veut-on savoir quelle est la cérémonie qui a surtout le privilége d'attirer chaque année, dans la ville des prophètes et des apôtres, des milliers de pèlerins grecs ? c'est la cérémonie du feu sacré qui a lieu le samedi saint dans l'église du Saint-Sépulcre. Les prêtres grecs laissent croire que la flamme sainte s'allume d'elle-même par un miracle, et la multitude se jette sur ce prodige avec un délire qui attriste l'intelligence. J'ai parlé de ce spectacle dans la *Correspondance d'Orient*, mais une plume catholique pourrait sembler suspecte, et je vais citer le récit d'un Anglais protestant qui fut témoin de la cérémonie le samedi 3 avril 1696 ; cet Anglais est Maundrell, voyageur célèbre par son exactitude et son esprit d'observation. Les choses se passent aujourd'hui comme au temps de Maundrell. Voici son récit :

« Nous fûmes, sur le midi, voir la fonction du feu saint : c'est une cérémonie continuée par les Grecs et par les Arméniens, qui croient que la veille de Pâques il descend une flamme miraculeuse du ciel dans le saint sépulcre, laquelle y allume toutes les lampes et toutes les chandelles, comme le sacrifice fut brûlé à la prière d'Élie (I *Rois,* XVIII.).

« Étant allés à l'église du Saint-Sépulcre, nous la trouvâmes remplie d'une foule de peuple insensé, qui faisoit un bruit épouvantable, plus convenable à des ivrognes qu'à des chrétiens. Nous traversâmes la presse avec beaucoup de difficultés ; et nous étant rendus dans la galerie du côté de l'église, où est le couvent latin, nous vîmes tout ce qui se passa dans cette frénésie religieuse.

« Ils commencèrent leurs désordres en courant autour du saint sépulcre de toutes leurs forces, et criant en courant à haute voix : *Huia,* qui signifie *c'est lui* ou *c'est cela,* expression par laquelle ils confirment la religion chrétienne. Après s'être bouleversé la cervelle par l'extravagance de ces tournements et par leurs cris, leur folie étant enflammée, ils commencèrent à faire mille gestes et mille actions les plus ridicules du monde. Quelquefois ils se tiroient par terre tout autour du sépulcre. Ils montoient sur les épaules les uns des autres et marchoient de cette manière en tournant toujours. Ils prenoient des hommes qu'ils mettoient sens dessus dessous, les pieds en l'air, exposant leurs nudités de la manière du monde la plus scandaleuse. D'autres faisoient des tours de passe-passe et voltigeoient autour du sépulcre comme s'ils eussent été sur un théâtre. En un mot, on ne sauroit rien concevoir de plus ridicule ni de plus extravagant que ce qui se passa en cette occasion.

« Ils continuèrent cet enthousiasme tumultueux depuis midi jusqu'à quatre heures. Voici la raison de ce délai. Il y avoit en ce temps-là un débattu entre les Grecs et les Arméniens devant le cadi. Les premiers ne vouloient pas permettre aux derniers d'assister ou d'avoir part au miracle du feu du ciel. On m'assure qu'ils avoient dépensé de part et d'autre cinq mille écus à poursuivre cette controverse ridicule. Le cadi prononça enfin la sentence, par laquelle il ordonna qu'ils entreroient ensemble au saint sépulcre, comme cela s'étoit pratiqué autrefois. Cette sentence ayant été prononcée à quatre heures, les deux nations continuèrent leur cérémonie. Les Grecs s'avancèrent les premiers en procession autour du saint sépulcre, et les Arméniens les suivirent immédiatement. Ils firent de cette manière par trois fois le tour du saint sépulcre, avec toutes leurs cérémonies, leurs étendards, leurs banderoles, leurs crucifix et leurs habits en broderie.

« Vers la fin de cette procession, on vit voler un oiseau dans le dôme qui est au-dessus du sépulcre. Le peuple jeta de grands cris à sa vue. Les Latins nous dirent que les Grecs avoient lâché cet oiseau pour persuader au peuple que c'étoit une descente visible du Saint-Esprit.

« La procession étant finie, le suffragant du patriarche grec, lequel étoit à Constantinople, s'approcha de la porte du sépulcre avec le principal évêque arménien. Ils coupèrent le cordon avec lequel elle étoit attachée et scellée, et y entrèrent. On avoit eu soin avant cela d'éteindre toutes les chandelles et toutes les lampes qui y étoient, en la présence des Turcs et d'autres témoins. On redoubla les acclamations à mesure que le miracle approchoit de son accomplissement; et le peuple se pressoit de telle sorte vers la porte du sépulcre qu'il fut impossible aux Turcs, postés pour en défendre l'entrée, de le faire, bien qu'ils frappassent sur la populace de toute leur force. L'envie qu'ils avoient d'être des premiers à allumer leurs chandelles à la flamme sainte les faisoit presser de cette manière pour avoir cet avantage, dès qu'elle paroîtroit hors du sépulcre. C'est alors qu'ils l'estiment la plus sacrée et la plus pure, comme venant immédiatement du ciel.

« Les deux faiseurs de miracles n'eurent pas été plus d'une minute dans le saint sépulcre que l'on commença ou du moins que l'on s'imagina voir paroître quelques rayons du feu sacré par quelques fentes de la porte. Cette vue donna un transport si violent à cette multitude insensée que l'on auroit de la peine à en voir un pareil aux Petites-Maisons.

« Dans ce moment, les deux prêtres sortirent, ayant entre leurs mains des torches allumées, qu'ils exposèrent à la porte du sépulcre. Le peuple, de son côté, s'empressoit d'en approcher avec une ardeur inexprimable, chacun souhaitant avec passion d'obtenir une partie de cette première flamme qu'ils estiment la plus pure. Cependant les Turcs les chargeoient de coups sans aucune miséricorde. Mais leur transport étoit si violent, qu'ils ne les sentoient pas. Ceux qui pouvoient obtenir de ce feu se l'appliquoient immédiatement à la barbe, au visage et à l'estomac, pour marquer qu'il ne brûloit pas comme les flammes terrestres. J'observai cependant qu'il n'y en avoit point qui pussent en faire l'expérience assez longtemps pour en prouver la vérité.

« Comme il y avoit un très-grand concours de peuple, on vit en un moment un nombre incroyable de cierges allumés. Toute l'église et les galeries parurent enflammées en un instant, et la cérémonie finit par cette illumination.

« Il faut avouer que les deux personnes qui entrèrent dans le sépulcre, s'acquittèrent de leur emploi avec une vitesse et une adresse extraordinaires. Mais les actions de la populace diminuent extrêmement le crédit du miracle. Les Latins font tous leurs efforts pour désabuser le peuple, leur montrant que c'est une imposture honteuse et un scandale à la religion chrétienne. Cependant les Grecs et les Arméniens sont persuadés de la vérité de ce miracle, lequel est le véritable motif de leurs pèlerinages. On ne saurait assez déplorer le malheur de leurs prêtres, lesquels après avoir si longtemps contrefait ce miracle, n'oseroient désabuser le peuple, de peur de le faire tomber dans l'apostasie.

« Au sortir de cette église, après tout ce tintamarre, nous vîmes plusieurs personnes assemblées autour de la pierre de l'onction. Ces gens ayant plusieurs cierges allumés au feu sacré, étoient occupés à en faire dégoutter la cire sur des draps de toile, destinés à leur servir de draps mortuaires. La raison de cela est que ces pauvres créatures sont persuadées que, pourvu qu'elles aient le bonheur d'être ensevelies dans ces draps, elles ne sauroient être exposées aux flammes de l'enfer. »

Nous ajouterons qu'une condition pour que le feu sacré descende du ciel, c'est que les Grecs et les Arméniens ne soient pas brouillés; ils ont besoin de rester amis pour ne pas se démasquer les uns les autres. Écoutons maintenant le chevalier d'Arvieux :

« Il est assez ordinaire que les pachas et les cadis de Jérusalem envoient chercher les patriarches de ces chrétiens schismatiques, et leur font des avanies sur bien des choses, et sur l'abus qu'ils font de leur prétendu saint feu, avec lequel ils trompent les peuples. Leur réponse ordinaire est qu'il est constant que ce feu est réellement une fois descendu du ciel, et qu'ils sont obligés de feindre qu'il descend tous les ans, non-seulement pour entretenir la dévotion du peuple pour les saints lieux et nourrir leur foi, mais encore pour pouvoir recueillir de leurs aumônes de quoi payer les taxes et les contributions qu'ils doivent au Grand Seigneur et à ses officiers. Cette raison est, sans contredit, celle qui frappe davantage les Turcs ; et quand elle est soutenue de quelques milliers de piastres, ils la jugent excellente, et leur permettent d'abuser les peuples tant qu'ils veulent, ou tant qu'ils sont en état de la soutenir par le même moyen. »

Voilà ce que devient le christianisme quand les nations, n'ayant plus ni règle, ni autorité, ni direction supérieure en religion, se traînent à la merci des mensonges accrédités, des ignorances audacieuses et des cupides calculs. Les divines institutions par lesquelles la famille humaine doit s'élever à la beauté morale reçoivent une atteinte si profonde qu'on ne les reconnaît plus. Il n'y a dans le clergé grec ni enseignement, ni grands exemples, ni travail d'aucun genre pour faire circuler la vie évangélique au sein des populations, ou plutôt la vie n'y est pas possible parce que toute communion séparée n'a plus de séve. Le schisme grec en Orient nous donne le spectacle de l'immobilité dans la routine et la servitude, comme on a le spectacle de l'immobilité musulmane dans le fatalisme du Coran. Les Grecs, avec de l'or, avec de persistantes habiletés auprès de la Porte, ravissent aux Latins tels ou tels sanctuaires et s'établissent en vainqueurs dans les lieux saints, à la faveur des éclipses passagères ou des commotions de la puissance qui protége; mais les restitutions et les usurpations se suivent, et la nation ballottée entre des firmans contraires ne grandit pas. C'est le sort des Églises séparées de ne pouvoir vivre d'une vie qui leur soit propre, d'être condamnées à une stérile langueur tant qu'une grande force politique ne vient pas à leur secours. Le schisme grec a trouvé son point d'appui temporel : c'est la Russie. Nous touchons ici au côté redoutable de la question orientale.

XI.

Il y a aujourd'hui dans l'empire russe deux choses qui donnent un grand spectacle à l'univers : l'autorité du chef et sa domination qui ne s'arrête point. Tandis que les doctrines de commandement et de soumission ont tant souffert dans le reste du monde, le czar nous apparaît comme la vivante image d'une prodigieuse autorité; il dicte sans effort ses volontés aux peuples, leur fait sentir sans bruit la vigueur de sa pensée et la vigilante activité d'un immense pouvoir. L'idée religieuse, qu'il invoque dans ses actes importants, donne à sa puissance quelque chose de mystérieux et d'infini; cinquante-trois millions d'hommes, appartenant à des races très-diverses, s'inclinent avec respect devant son nom. Au temps où nous sommes, ce spectacle n'est pas ordinaire. Ce qui n'est pas moins frappant, c'est l'agrandissement si rapide, si inouï d'un empire qui, il y a à peine deux siècles, ne comptait point dans les destinées du monde, et dont les gigantesques pas semblent trouver le globe trop étroit! Dieu sait quels étonnements cet empire réserve à l'histoire!

Vers le milieu du IXe siècle, des sauvages, sortis de la Scythie, apparurent tout à coup au nombre de quinze ou vingt mille sur les rives du Bosphore; ils arrivèrent par les bouches de l'Euxin, montés sur des troncs de hêtres ou de bouleaux creusés en forme de barque; les dépouilles des bêtes des forêts étaient leurs vêtements; la chair des chevaux rôtie était leur nourriture; ils adoraient des dieux cruels auxquels ils immolaient des victimes humaines; cette horde du nord, pauvre et rapace, qui venait s'abattre ainsi sur la riche Byzance, c'étaient des Russes! On les appelait Rurikschs du nom de Rurik, un de leurs chefs. Les habitants de Constantinople effrayés ne pensèrent pas que les efforts des hommes pussent suffire pour se défendre contre de tels hôtes; ils invoquèrent le ciel, et les légendes byzantines nous parlent du voile de la vierge Marie trempé pieusement dans la mer et soulevant une tempête qui engloutit les barbares. Ceux des Rurikschs qui parvinrent à se sauver furent frappés du prodige, reçurent le baptême dans l'église du palais des Blaquernes, et retournèrent dans leur pays avec un prêtre destiné à y porter la parole évangélique. C'était l'époque où Photius commençait le schisme. L'Église grecque, séparée du centre de la catholicité, enfanta ainsi l'Église russe. Des liens religieux, plus ou moins visibles, plus ou moins étroits selon les temps, s'établirent entre les deux Églises. Quand vint le moment marqué pour la grandeur de la Russie, elle se tourna vers l'Orient par la double pente des intérêts et de la croyance : la foi commune qui la liait à une portion considérable de peuples soumis au gouvernement ottoman devint un puissant instrument pour sa politique. Une remarque à faire, c'est que sa première tentative pour se mêler à la question des lieux saints ne date que du règne de Louis XV en l'année 1720; elle n'y réussit point, et le sultan Achmed III n'écouta que le roi de France.

Les entreprises de la Russie contre la Porte tiennent toutes dans un espace de cent soixante-seize ans, depuis 1677 jusqu'à ce jour, où le prince Menschikoff, avec une flotte et une armée derrière lui, déclare à sa façon les volontés de son souverain. Depuis le traité du czar Fédor III, qui chassait les Turcs du Dniester et commençait à ouvrir la mer Noire aux navires russes, jusqu'au traité de Hunkiar-Kalessi, en 1833, qui a *mis dans la poche* de l'empereur Nicolas la *clef* des Dardanelles, appelées par l'empereur Alexandre *une des portes de sa maison*, combien a été forte et prompte la marche de l'empire du nord! Les coups de la Russie datent de la décadence même de la puissance ottomane, qui commence au traité de Carlowicz et se marque mieux encore au traité de Passarowicz. Les éclatants succès de Sobieski, de Charles de Lorraine, les exploits glorieux et répétés du prince Eugène, précédèrent les beaux triomphes de Romanzoff et de Souwaroff sous Catherine. On sait comment la czarine poussa la guerre; la Turquie d'Europe semblait s'effacer et disparaître devant ses armes victorieuses. En imposant le traité de Kaïnardjé en 1774, la Russie étendit la main sur l'empire ottoman affaissé; elle a avancé son œuvre dans les guerres des années 1809, 1810 et 1811 avec l'épée de Kaminski et de Kutusoff; en 1828, avec l'empereur Nicolas qui commandait en personne; en 1829, avec Diébistch et le traité d'Andrinople, et enfin en 1833 et 1839, avec le bouclier qu'elle opposa aux faciles et menaçants triomphes d'Ibrahim-pacha. La voilà maintenant à son aise aux rives du Bosphore et pouvant planter, quand elle le voudra, la croix sur le dôme de Sainte-Sophie. En 1770, Catherine écrivait à Voltaire : « Pour ce qui est de la prise de Constantinople, je ne la crois pas si prochaine; cependant il ne faut, dit-on, désespérer de rien. » L'empereur Nicolas pourrait en dire autant aujourd'hui, avec plus de raison de ne *désespérer de rien.*

XII.

Nous avons indiqué tout à l'heure le traité de Kaïnardjé qui, donnant à la Russie les forteresses frontières d'Oczakow et de Kilbouroun, de Kertsch et de Yénikala, mit la Turquie d'Europe à la discrétion des czars. La situation qui se déroule aujourd'hui en Orient est sortie tout entière de ce traité, où l'habileté de négociateurs tels qu'Orloff et d'Obreskoff se trouvait en présence des plus rares incapacités ottomanes. Un homme d'État à longue vue, le baron de Thugut, internonce d'Autriche à Constantinople, adressa alors à sa cour des rapports que nous appellerons prophétiques ; il marqua la portée de la convention de Kaïnardjé avec une pénétration merveilleuse, et quand on considère ce qui se passe maintenant, on admire plus vivement encore la sagacité du diplomate autrichien. Voici de courts extraits de ces rapports ; le lecteur en sera frappé. Le traité de Kaïnardjé fut signé le 21 juillet 1774. Le baron de Thugut écrivait le 18 juillet :

« ... Je ne doute pas que, malgré les déclarations insignifiantes du reis-effendi contre les prétentions des Russes, qui réclament le droit de protection sur leurs coreligionnaires grecs, les plénipotentiaires russes ne démentiront pas leur habileté et sauront parvenir à leurs fins par une stipulation plus ou moins claire du traité. C'est avec douleur que je prévois les tristes conséquences qui résulteront de la supériorité de la religion schismatique pour la religion catholique dans le Levant.... » L'internonce d'Autriche écrivait à la date du 17 août :

« Si à cet exemple d'une frénésie incroyable, on ajoute la mauvaise administration de la Porte, qui, viciée dans ses fondements, prépare depuis quelque temps, comme à dessein, et mieux que ne l'ont pu faire les armes de la Russie, la destruction de cet empire d'Orient, on sera convaincu que jamais une nation près de disparaître de la scène politique n'aura moins mérité la compassion des autres peuples que les Ottomans ; *malheureusement les événements qui se passent en ce moment dans cet empire exerceront à l'avenir la plus grande influence sur la politique de tous les autres États, et feront naître des maux et des troubles sans fin.* »

Lisez surtout ces pages tirées d'un rapport du 3 septembre 1774 ; toute la politique de la Russie en Orient se trouve là :

« Comme les stipulations de la paix actuelle assurent à la Russie, d'un côté la partie est de la presqu'île de Crimée, la forteresse de Yénikala et surtout l'excellent port de Kertsch ; de l'autre côté la possession de Kilbouroun, les deux rives et l'embouchure du Dniéper ; comme en outre elle songe à rétablir non-seulement les fortifications d'Azof à l'embouchure du Don, mais aussi à compléter la défense du beau port de Tangarok ; enfin, comme ces contrées abondent en bois de construction, en fer, en chanvre et en toutes choses nécessaires à la construction des vaisseaux, il lui sera facile de construire prochainement à

Kertsch, et à peu de frais, une flotte de douze à quinze vaisseaux de haut bord et autres navires, et dans ses autres établissements nouvellement acquis un grand nombre de bâtiments de grandeur inférieure : par conséquent d'avoir toujours prêt tout ce qui est nécessaire à de grands transports de troupes.

« Comme, d'un autre côté, on ne peut pas douter que la Russie ne négligera pas d'entretenir, en tout temps, dans sa nouvelle acquisition, un corps de trente à quarante mille hommes, soit qu'elle y emploie les milices chargées jusqu'alors des lignes de l'Ukraine, soit qu'elle ait recours à d'autres expédients qui lui sont si faciles, *il en résulte qu'à l'avenir la Russie sera toujours maîtresse, aussitôt que le cabinet de Saint-Pétersbourg le jugera à propos, d'opérer sans aucun armement extraordinaire et préalable, des descentes sur la côte de la mer Noire, et à conduire, favorisée par le vent, en trente-six à quarante-huit heures, de sa nouvelle frontière de Kertsch, un corps de vingt mille hommes jusque sous les murs de Constantinople. Dans ce cas, une conjuration, concertée d'avance avec les chefs de la religion schismatique, éclatera sans nul doute,* et il ne restera au Grand Seigneur que de quitter son palais à la première nouvelle du mouvement des Russes, de s'enfuir au fond de l'Asie et d'abandonner le trône de l'empire d'Orient à un possesseur plus habile.

« Lorsque la capitale sera conquise, la terreur et l'assistance fidèle des chrétiens schismatiques soumettront indubitablement sans peine, au sceptre de la Russie, tout l'archipel, les côtes de l'Asie Mineure, toute la Grèce jusqu'aux mers de l'Adriatique. Alors la possession de ce pays, tant favorisé par la nature, avec lequel aucune autre contrée du monde ne peut rivaliser de fertilité et de richesse du sol, élèvera la Russie à ce degré de supériorité qui surpassera tout ce que l'histoire raconte de fabuleux de la grandeur des monarchies des temps anciens. *Comme dans une époque à venir, cette grande révolution peut se faire du côté de la mer Noire, d'une semaine à l'autre, sans bruit et sans grands préparatifs coûteux et qu'elle peut être conduite à fin en très-peu de temps,* il n'est pas à croire que la Russie se trouve jamais dans le cas de choisir de nouveau pour théâtre de ses opérations les bords du Dniester et du Danube; car une guerre à une telle distance de ses propres frontières, trop coûteuse et trop pénible, ne peut être terminée qu'après plusieurs campagnes, et ne laisse pas d'être sans résultats très-décisifs, *tandis que de sa nouvelle frontière elle peut, en tout temps et dans l'espace de deux jours, faire, en venant par la mer Noire, une attaque contre les murs mêmes de Constantinople.*

« .... La Russie ne peut se flatter d'occuper tout ce pays d'un seul coup et de s'y maintenir; elle doit donc s'attendre à ce que, dans le renversement futur de l'empire ottoman, les provinces situées aux frontières des États héréditaires deviennent le partage de la cour impériale; le cabinet russe songera d'autant moins à s'élever contre cette part de possession qu'il ne pourra l'empêcher, et que cet accroissement de territoire pour l'Autriche ne saurait exciter sa jalousie. La raison en est que les acquisitions que l'Autriche ferait de la Bosnie, de la Servie, etc., bien que d'une grande importance dans d'autres circonstances, ne peuvent être d'aucune utilité pour la Russie, du moment que le reste des États de la Porte sera tombé entre ses mains....

« *Mais ce qu'il y a de plus délicat et de plus*

périlleux à tout cela, c'est que l'existence de la Porte paraît ne devoir plus dépendre à l'avenir, de la volonté des autres cours, car aussitôt que les travaux à exécuter dans les nouveaux établissements russes auront acquis un certain degré de consistance, ce qui peut se faire en peu de temps, on doit s'attendre d'un jour à l'autre à la prise de Constantinople par les Russes; *cette capitale pourra être conquise à la suite d'une attaque imprévue, avant même que la nouvelle d'un mouvement de l'armée russe soit parvenue aux frontières des autres puissances chrétiennes*....

« .... Par l'adroite combinaison des articles de ce traité, l'empire ottoman devient dès aujourd'hui une sorte de province russe, d'où la cour de Saint-Pétersbourg peut tirer de l'argent et des troupes, etc.; enfin, comme à l'avenir la Russie est à même de lui dicter ses lois, et qu'elle a entre ses mains les moyens de forcer le sultan à les accepter, *elle se contentera peut-être, pendant quelques années encore, de régner au nom du Grand Seigneur, jusqu'à ce qu'elle juge le moment favorable d'en prendre possession définitivement.* »

XIII.

Le temps a justifié dans leurs détails les remarquables appréciations que nous venons de reproduire; ce qui ne s'est point encore vérifié le sera. Nous touchons à l'époque où doivent éclater les conséquences d'une longue et persévérante politique; c'est maintenant seulement que la question d'Orient commence; ce sera la grande question du siècle. La Russie s'établira à Constantinople à son jour et à son heure; le passé, la géographie, la force des choses l'y poussent; c'est un événement naturel contre lequel il n'est pas d'opposition possible; et, comme le disait le prince de Lieven, « l'Europe se soumettra à ce qu'elle ne pourra plus empêcher[1]. » Mais la prise de possession de Constantinople par la Russie a un lendemain d'une grave portée et qu'il faut conjurer : la prépondérance du schisme grec dans le monde oriental. Un empire russe en Orient ce sera la résurrection de l'ancien empire byzantin, moins le terrible voisinage des Turcs et plus les forces incomparables des jeunes nations du nord. Rapprochée de Saint-Pétersbourg par des chemins de fer déjà commencés, qui partiront d'Odessa, cette création brillante du duc de Richelieu, Constantinople recevra comme une vie continuelle du centre même d'un gouvernement colossal, et rien de pareil ne se sera vu dans l'histoire des dominations humaines. Les Grecs se comporteront-ils en vainqueurs modérés? C'est douteux. Il est bien plus à croire que leurs vieilles haines contre les catholiques, et surtout contre les Latins, se donneront libre carrière. Dans tous les cas, leur foi se posera comme maîtresse et triomphante; le czar, empereur et pape, ne supportera aucune rivalité autour de l'Église de Photius ; il laissera aux catholiques d'Orient

1. Portfolio.

tout juste la liberté qu'il leur donne en Russie; il combattra leur prosélytisme, l'expansion de leur zèle religieux, réduira leurs institutions, et décrétera que la propagande catholique se fasse à huis clos. Il y sera contraint par les nécessités de sa politique. Le czar, quelque noble et grande âme qu'il puisse avoir, se verra condamné à une législation intolérante pour le besoin et la conservation même de sa double souveraineté, parce que le schisme grec ne pourrait tenir devant le libre travail de l'intelligence et de la vérité.

En attendant que l'aigle moscovite remplace à Constantinople le drapeau du croissant, et que les voûtes de Sainte-Sophie retentissent de cantiques grecs, le puissant empereur du nord exigera de la Porte que la suprématie aux lieux saints appartienne à ses coreligionnaires : il sait que la prépondérance à Jérusalem est la grande affaire des nations chrétiennes. Le czar exigera le droit direct de protection sur des millions de rayas qui n'aspirent qu'à échapper au joug musulman; il obtiendra pour eux une situation civile meilleure, l'égalité peut-être, malgré l'orgueil ottoman et malgré le Coran; il lui plaira de donner lui-même l'investiture au patriarche de Constantinople, pour commencer en quelque sorte le suprême exercice de son pontificat, et affranchir l'Église grecque au profit de sa propre autocratie. C'est ainsi que le démembrement moral de l'empire ottoman sera la courte préface de son renversement définitif.

Ce mot de démembrement qui vient de se trouver sous notre plume nous fait penser à ces fervents amis de la Turquie dont la plaisante obstination s'attache à l'intégrité de l'empire ottoman. Sait-on ce qu'est devenue cette intégrité que de bonnes gens s'acharnent à défendre? Faisons le compte de ce qui a été ravi à cet empire, à partir du jour où sa véritable décadence a commencé.

Le traité de Carlowicz, en 1699, lui enleva au profit de l'Autriche la Transylvanie et la Hongrie, moins la ville de Temeswar; au profit de la Russie, Azof, qui était le boulevard des Ottomans contre les armées de Pétersbourg; au profit de la Pologne, l'Ukraine et la Podolie; au profit de la république de Venise, la Morée et la Dalmatie. Ces quatre dernières provinces ont, depuis ce temps, changé de maîtres, mais elles sont restées perdues pour les sultans. Le traité de Passarowitz, en 1718, chasse les Turcs de Temeswar et renverse leurs dernières espérances au milieu des Hongrois et des Dalmates. En 1771, le prince d'Olgorouki, à la tête de quatre-vingt mille Russes, prend la Crimée. Le traité de Kaïnardjé, en 1774, assure, sous la garantie de la Russie, l'indépendance politique des Tartares de la Crimée, de la Bessarabie, du Kouban, et, d'un coup, supprime moralement la domination du sultan dans ces contrées; dix ans plus tard, par un traité signé à Constantinople même, la domination ottomane disparaît en fait et en droit de ces trois vastes provinces.

En 1812, le traité de Boukarest, entre l'empereur Alexandre et Mahmoud II, donne à la Russie toutes les places fortes situées sur la rive gauche du Danube, entre Galatz et la mer Noire. En 1816, la Servie, excitée par la Russie, se détache vaillamment de l'empire turc et arrache une indépendance qu'elle a gardée, moyennant une redevance annuelle payée au sultan, et qui ne le sera pas longtemps peut-être. Quelques années après, la Grèce se lève de même aux applaudissements de l'Europe; Athènes devient la capitale d'un petit royaume chrétien. En 1829, le traité d'Andrinople, signé par l'épée victorieuse de l'empereur Nicolas, proclame l'indépendance de la Moldavie, de la Servie, de la Valachie, provinces grandes comme des royaumes, où l'autorité ottomane n'est plus qu'un vain nom. Le sultan était le suzerain de l'Algérie ; en 1830, nos armes en font une terre française. En 1840, la Russie, la Prusse, l'Autriche et l'Angleterre accordent, à titre héréditaire, l'Égypte à Méhémet-Ali et à sa race, à la seule condition d'une redevance payée au sultan. Que dites-vous de ce soin jaloux de maintenir l'intégrité de l'empire ottoman ? Est-ce qu'il ne vous semble pas que le démembrement a commencé ? Et ne croyez-vous à la mort que quand on est couché dans le tombeau ?

XIV.

Oui, l'empire d'Osman est mort. La réforme, dont presque toute la presse française caressait les chimériques perspectives, et dont nous signalions, il y a vingt ans, la périlleuse impuissance, a été pour la Turquie un remède héroïque : du moment qu'elle ne la guérissait pas, elle devait la tuer. Le vieux parti turc, remplaçant au pouvoir le parti de la réforme, c'est comme un arrangement pour mourir en règle avec le Coran : n'attendez pas d'autre résultat de ce changement de politique. Un ambassadeur à Constantinople, qui parle à la Porte comme le prince Menstchikoff sans être enfermé aux Sept-Tours, nous fait l'effet d'un homme de l'art introduit dans une chambre pour constater un décès. Il n'y a pourtant pas deux siècles (en 1668) qu'un ambassadeur russe, admis à présenter à Mahomet IV ses lettres de créance, fut saisi à la nuque et jeté la face contre terre pour avoir opposé de la résistance aux chambellans chargés de lui tenir les deux bras pendant l'audience, selon la règle de Bajazet II ! L'envoyé moscovite, son secrétaire et son interprète furent chassés à *coups de poing* de la salle du trône ! Ah ! comme le mort est mort vite ! et comme le vivant a grandi ! On enterrera le cadavre dès que les principaux héritiers se seront mis d'accord. La Russie conduira les funérailles, escortée du christianisme oriental qui, depuis quatre siècles, subit, en le maudissant, le despotisme des Osmanlis.

Pour qui connaît l'histoire et la religion des Turcs, y a-t-il un signe de ruine plus certain que leur pâle existence uniquement empruntée à la protection des chrétiens ? Mais cette religion musulmane, qui est la religion de la victoire; mais ce Coran dont le *divin caractère* consiste à mettre sous ses pieds tous les peuples de la terre, cette foi née dans les batailles et puisant ses motifs et son énergie dans les triomphes du glaive, que deviennent-ils au milieu d'un aplatissement qui subit tout et n'a le choix de rien ? Et la race ottomane, qui se regardait comme la plus haute et la première des races humaines, qui a traversé les temps en accablant de son mépris le reste du monde, que peut-elle penser, ainsi tombée à la merci de ces nations chrétiennes pour lesquelles sa langue s'était enrichie d'injures et d'outrages ? Quel renversement de traditions et d'idées ! Quels douloureux étonnements dans le camp du prophète ! Quelle fin du monde musulman !

Ah ! qu'ils s'en aillent de notre Europe, ces Turcs, qui depuis longtemps l'auraient quittée si la réforme religieuse du XVIe siècle n'était venue briser l'unité de la vieille république chrétienne. Qu'ils s'en aillent et laissent au génie de l'Occident ces régions magnifiques dont ils n'ont su faire que des solitudes. Nous nous rappelons ce proverbe oriental que *là où un Turc a posé le pied, la terre met sept ans à produire*, et le mot si vrai de Montesquieu sur cette nation *propre à posséder inutilement de grands empires*. Il n'y a pas d'air et de place pour tous dans nos cités d'Europe ; Tartares, levez vos tentes ! L'activité chrétienne est là, cherchant les espaces qui lui manquent et voulant se frayer des chemins pour étendre l'empire d'une civilisation à laquelle le monde entier est promis !

La puissance russe, marchant selon sa pente, se déploie grande et terrible vers ces beaux pays du soleil. Elle va, s'appuyant à la fois sur l'immensité de sa force et sur le schisme chrétien qui représente près de la moitié des populations de l'empire ottoman. Elle a dans l'Église grecque son levier qu'elle soulèvera à sa convenance, et nous avons fait voir plus haut ce que prépare au catholicisme en Orient le triomphe du schisme grec. Les Turcs de moins, c'est un véritable progrès : nous aimons mieux à Sainte-Sophie la messe des Grecs que le namaz des musulmans ; l'Évangile, même imparfaitement compris, vaut mieux certes que le Coran ; mais les grandeurs de la civilisation dans ce monde ne partiront pas de l'Église grecque : l'histoire est là qui déclare sa stérilité et qui déclare en même temps l'admirable fécondité du catholicisme. Il faut que le catholicisme vive en Orient pour que l'Orient retrouve l'honneur de ses destinées religieuses et qu'il soit en possession de tout ce qui peut le faire remonter à la gloire. Il est une nation que Dieu a faite pour servir à cette belle rénovation, c'est la nation française; en protégeant le catholicisme, elle se protége elle-même; chaque bon témoignage qu'elle lui donne en Orient est une force qu'elle se donne; elle accomplit l'œuvre de Dieu, qui lui accorde tout le reste par surcroît : la France trouve ainsi sa grandeur dans son devoir.

Que de fois, dans l'humble obscurité de nos travaux, nous avons rappelé à notre pays sa mission de civilisation en Orient! Après avoir suivi nos héroïques ancêtres dans des narrations tantôt écrites dans la cellule d'un cénobite et tantôt sur un bouclier, nous avions cherché leurs traces au delà des mers, et notre pensée ne pouvait se détacher de tant de nobles souvenirs, et ces vives et profondes impressions vibraient dans notre âme. Mais il est des temps où un pays se refuse à prêter l'oreille aux grandes choses de son passé, et où vous diriez que le poids de son ancienne gloire lui semble trop lourd à porter! Aujourd'hui que la France écoute les bruits venus de l'Orient, nous aimons à lui redire encore ce qu'elle est dans les desseins de la Providence, ce qu'elle a toujours été.

XV.

La France est un pays missionnaire, il fut quelquefois martyr. Son destin est de dominer par les idées; elle sait mettre à leur service une épée à laquelle nulle autre épée n'est comparable. Si nous avons été quelquefois la terreur et la girouette des nations, nous en avons été plus souvent la lumière et l'arbitre. La France est l'avant-garde des peuples dans leur marche vers l'avenir; elle leur donne l'âme et l'élan, les réchauffe et les inspire. Si la France venait tout à coup à disparaître, le monde perdrait son plus beau foyer de sentiments généreux; son mouvement se ralentirait, ses pas deviendraient incertains et languissants. La suppression de la France ferait rétrograder le monde : les peuples seraient déroutés. La première page de l'histoire de ce pays civilisateur est écrite dans le champ de Tours. Il y a onze cents ans que l'héroïque fils de Pépin d'Héristal fut le rempart d'airain contre lequel se brisa la barbarie musulmane dont les flots menaçaient de couvrir l'Europe. Les écrivains arabes ont appelé le théâtre de cette bataille le *pavé des martyrs;* ils ajoutent que ce lieu où tant de musulmans tombèrent est un lieu saint, et qu'on y entend le bruit des anges du ciel invitant les fidèles à la prière. Pour nous aussi, enfants de la France, ce lieu est saint, car le catholicisme et la civilisation remportèrent là un éclatant triomphe, et quelquefois sans doute les bons génies qui veillent sur le royaume de Charlemagne se plaisent à visiter le champ de bataille de Tours.

L'immense révolution des croisades partit du sein de la France; dans l'opinion des vieux siècles, Dieu agissait, et les Français servaient d'instruments. Aussi le recueil des histoires de ces guerres sacrées reçut-il le titre de *Gestes de Dieu par les Français* (*Gesta Dei per Francos*). L'Europe entière finit par se mêler à ce mouvement prodigieux, mais ce fut la France qui donna le signal de ces expéditions gigantesques, ce fut elle qui prit à ces grandes choses la plus glorieuse part; et lorsque Jérusalem libre et chrétienne vit se relever le trône de David et de Salomon, il n'y eut que des princes français assis sur ce trône illustre. Il faudrait être singulièrement borné en histoire, et ne rien comprendre aux révolutions humaines, à l'état du monde il y a huit siècles, pour ne voir dans les croisés que de pauvres fanatiques s'acheminant laborieusement vers des lieux révérés. On ne rencontrerait pas aujourd'hui un seul homme sérieux qui méconnût la haute portée des croisades et leur influence si considérable sur les destinées de l'Occident. Certainement les générations du onzième, du douzième et du treizième siècle, n'eurent pas le sentiment de tout ce qu'elles accomplissaient; ce que l'homme connaît le moins en histoire, ce sont précisément les choses qu'il fait lui-même : les événements dont nous sommes témoins ou dans lesquels nous sommes acteurs, ont des secrets qui ne se révèlent qu'à la postérité. Le genre humain, sous la main de Dieu, exécute des marches dont il ne comprend pas tout le sens, semblable au soldat qui va, qui obéit à la voix du chef sans être initié dans ses combinaisons et ses plans. Un point capital demeure acquis à l'histoire, c'est que le long et vigoureux effort des croisades, vaste insurrection contre l'islamisme, a sauvé l'Europe de la nuit musulmane. L'Europe doit aux croisades la grandeur de sa vie morale, la grandeur de son passé, l'éclat inconnu de son avenir.

Il n'avait pas suffi à la France d'empêcher le développement de l'islamisme, de le retenir, de l'emprisonner dans les limites asiatiques. Elle travaille à l'accomplissement de ce fait immense, qui sera décisif pour l'avenir du genre humain : la réunion de l'Orient et de l'Occident. Ce fut en vue de ce but, mal défini alors, mais d'une incontestable réalité pour nous, que nos aïeux fondèrent un royaume français à Constantinople, et qu'ils découpèrent en seigneuries, en marquisats et en duchés les lieux les plus illustres de l'Asie et de la Grèce. Saint Louis portait en Égypte des projets de colonisation : il emmena avec lui beaucoup de cultivateurs et d'artisans. Si on lui avait proposé de succéder au sultan du Caire, il ne *l'eust mie refusé* [1]. Leibnitz, dans un mémoire adressé à

1. *Mémoires de Joinville.*

Louis XIV, fait admirer les grands desseins de saint Louis en Égypte. L'expédition de Tunis, où le pieux roi trouva la mort, était faite pour atteindre profondément l'islamisme africain. L'esprit des croisades, devenu d'âge en âge plus politique que religieux, produisit ces longues guerres contre les Turcs, qui se sont prolongées jusqu'à nous. Bonaparte reprit la pensée de saint Louis en Égypte, et Charles X, sa pensée en Afrique. La conquête du vieux roi qui est mort proscrit nous est seule restée. Lorsque son drapeau libérateur flotta sur le Péloponnèse, en 1828, il put s'incliner en passant devant les ombres des compagnons de Guillaume de Champlitte et de Geoffroy de Ville-Hardouin, devant ces brillants Champenois qui fondèrent pour deux siècles une Grèce féodale. Nous avons eu une France d'Orient, et, pour l'avenir de la civilisation humaine, cette France d'Orient ne doit pas disparaître.

XVI.

Un mémoire de Leibnitz nous est tout à l'heure revenu à l'esprit. Ce mémoire, écrit en latin, si curieux et si digne de l'auteur, n'est pas très-connu. Arrêtons-nous-y un moment. On admirera comment, à cette époque, les étrangers eux-mêmes donnaient à la France la suprématie dans le monde, et comment la conquête de l'Égypte, qu'on proposait à Louis XIV, ouvrait à notre pays de superbes horizons. Cette entreprise paraissait à Leibnitz « la plus grande qu'on pût tenter et la plus facile de celles qui sont grandes. » Elle pouvait être mystérieusement préparée et soudainement exécutée par ce roi, dont les conceptions étaient appelées le *miracle du secret*.

Son succès élèverait le monarque au rang d'*arbitre suprême de la chrétienté*. Le *mariage* entre le roi de France et l'Égypte intéressait à la fois le genre humain et le christianisme. L'expédition de saint Louis, sur les bords du Nil, était une grande pensée; elle n'échoua que par l'inhabileté des chefs. Le cardinal Ximenès avait songé à une expédition en Égypte avec la triple assistance de Ferdinand de Castille, d'Emmanuel de Portugal et de Henri VIII d'Angleterre; la mort de Ferdinand renversa ce projet. La monarchie universelle est une absurdité; il n'en est pas de même de la suprématie : on peut l'envier; il appartient à la France, nous dit Leibnitz, de saisir cette suprême direction des affaires. La conquête de l'Égypte la lui donne; il ne faut pour cela qu'un coup heureux.

Leibnitz met en relief les ressources de l'Égypte, qu'il appelle la *Hollande de l'Orient*, l'*œil des pays*, la *mère des grains*, le *siége du commerce*. Elle est l'entrepôt général entre l'Inde et l'Europe. L'illustre penseur d'Allemagne voyait dans la prise de l'Égypte le renversement immédiat de l'empire turc; la *meilleure part revenait à la France* (pars melior

Franciæ redit); elle *devenait la maîtresse de la Méditerranée* (hæc maris Mediterranei domina), et *ressuscitait l'empire d'Orient* (imperium orientale ressuscitabit). La domination de la France sur l'Océan et la mer Rouge résultait de l'occupation des bords du Nil. Le roi eût pris le titre d'empereur d'Orient, ajoutant au titre de *fils aîné* de l'Église celui de *patron de l'Église.* Le commerce du monde se partageait entre la France et la maison d'Autriche. Leibnitz traite ensuite avec supériorité la question d'exécution; vingt mille hommes, bien conduits, lui paraissaient suffisants. Les détails auxquels il se livre révèlent une connaissance profonde des lieux. Rien ne lui échappe. Il avait pénétré dans toutes les faiblesses de l'empire ottoman. Les Turcs attendent leur ruine d'une contrée à deux mers (*a regione bimari ruinam expectant*). Ce pays à deux mers peut bien être Constantinople; mais il peut aussi être l'Égypte.

C'est ainsi que Leibnitz entendait la question d'Orient et la part de la France dans le vaste héritage des sultans. La Russie alors n'avait pas fait sa place dans l'univers, et le philosophe d'Allemagne, à côté de la grandeur française, n'en aperçoit qu'une autre, la grandeur de la maison d'Autriche. Il est curieux de voir Leibnitz ne pas tenir compte de la protestante Angleterre, et ne se préoccuper que des avantages de l'Église universelle sous l'influence prépondérante du *roi de France empereur d'Orient.* Il faut dire aussi que Leibnitz était secrètement catholique, et qu'il ne comprenait pas le christianisme sans la papauté. Lorsqu'on a lu son travail adressé à Louis XIV et les pages des Mémoires de Napoléon sur l'expédition d'Égypte, on demeure convaincu que Bonaparte avait fortement étudié et médité l'œuvre du grand philosophe de Leipzick.

Cette souveraine vigilance au profit du catholicisme que Leibnitz décernait à la France comme une auguste fonction dans le monde, nous la garderons avec une intrépide fidélité. Nous avons dans le Liban la nation maronite dont la foi est la nôtre, dont les traditions se rattachent à notre histoire, et qui s'enorgueillit des lettres de protection de Louis XIII, de Louis XIV et de Louis XV. Il y a là-bas, dans ces montagnes où les aigles et les cèdres nous apparaissent comme des images bibliques, deux cent cinquante mille catholiques qui reposent sous le bouclier de notre nom. Le protestantisme britannique s'acharne à corrompre leur foi, à diminuer leur respectueuse confiance dans notre pays ; que les Maronites sachent que la France tient toujours ses bienveillants regards attachés sur eux. La portion grecque et arménienne de l'Orient qui professe la religion catholique, n'a que nous pour soutien ; qu'elle sache que notre appui lui reste, afin que le découragement ne la saisisse point, et que les opiniâtres efforts pour la détacher de l'Église universelle ne triomphent pas à des heures de délaissement. Sous la Restauration, pendant que le général Guilleminot représentait le roi à Constantinople, les Arméniens catholiques, atteints par d'odieuses mesures, obtinrent satisfaction, grâce à l'influence française; ces bons soins persistants et victorieux profitaient en même temps au catholicisme et à l'autorité de notre nation. Si des injustices éclatent sur la tête de nos coreligionnaires d'outre-mer, qu'elles soient réparées.

Ce n'est pas seulement à Jérusalem et à Bethléem que s'élèvent des monastères de franciscains, placés sous la protection française, c'est à Ramla, à Jaffa, à Saint-Jean d'Acre, à

Nazareth, à Seyde ou Sidon, à Alep, à Damas, à Beyrout, à Lattaquié, à Tripoli, à Alexandrie, à Constantinople, à Larnaca en Chypre, à Smyrne. Les écoles de nos lazaristes à Constantinople, dirigées par M. Eugène Boré, s'ouvrent à des enfants de toutes les nations et de toutes les croyances. Nos lazaristes ont des écoles à Beyrout, à Anthoura au pied du Liban, à Balbek, dans l'Anti-Liban; nos sœurs de charité, qui sont une des gloires de la France, sont établies sur divers points de l'Orient; elles étonnent les musulmans par le spectacle de vertus qui leur étaient inconnues. Les pères jésuites, dont les missions en Syrie furent si célèbres aux deux derniers siècles, sont revenus depuis quelques années dans ces contrées; l'émir Haïder, successeur de l'émir Béchir, les a aidés de son patronage et de ses dons; ils possèdent des séminaires et des écoles à Beyrout, à Bicfaïa, à Ghazir, à Zahleh, à Mâallaka. On trouve des capucins à Damas, à Beyrout, à Tripoli. Le beau monastère du Mont-Carmel a été surtout bâti avec les pieuses libéralités de la France. L'Orient a des patriarches et des archevêques catholiques des différents rites, qui, à leurs jours d'épreuves, tournent leur pensée vers nous ; le nom seul de notre pays leur donne du courage ; il diminue le poids de leurs sollicitudes et dissipe leurs alarmes. Tout ce qui prie en Orient au pied des autels catholiques, tout ce qui est établissement à l'image de notre foi subsiste sous la protection française ; ces établissements tomberaient devant l'influence russe, sans contrepoids ; une mosquée déplaît bien moins au schisme grec qu'un monastère catholique. Les révolutions ont diminué le nombre et l'importance de nos établissements catholiques dans le Levant ; conservons ce qui nous reste et multiplions, autant que nous le pourrons, les ouvriers dévoués et courageux qui travaillent au loin dans le champ du Christ.

La perspective d'un empire russe en Orient, dont l'avénement n'est qu'une question de date plus ou moins prochaine, est si menaçante pour notre foi religieuse qu'elle devrait, sur certains points, unir dans une pensée commune toutes les puissances catholiques. Nous savons ce que commande la diversité des intérêts politiques ; mais lorsque des intérêts supérieurs se présentent, les bons offices sont un devoir. On est catholique avant d'être Autrichien ou Sarde. Que de services la maison d'Autriche n'a-t-elle pas rendus à la cause religieuse! La Providence l'en a plus d'une fois récompensée par des coups éclatants, et quelle récompense que cette récente et miraculeuse préservation du jeune et brillant empereur qui est son espérance! Pourquoi le cabinet de Vienne ne nous prêterait-il pas un appui sérieux dans la question des lieux saints? Nous comprenons son étroite alliance avec le cabinet de Saint-Pétersbourg en face des périlleuses difficultés que les révolutions amoncellent; nous croyons même que l'Autriche, malgré une lutte d'intérêts dans certaines questions, peut aujourd'hui s'entendre avec la Russie dans les affaires d'Orient, et qu'elle ne dirait plus, comme sous Joseph II, qu'elle *aime mieux à Constantinople les turbans que les chapeaux;* mais nous lui demanderions, en cette occurrence, de prendre en considération les intérêts de la civilisation catholique auprès de son puissant allié de Saint-Pétersbourg.

La Sardaigne n'est pas un grand empire; toutefois elle pourrait quelque chose dans cette question si digne de la religieuse sollicitude de la maison de Savoie. Le titre de roi de Chypre et de Jérusalem que porte le roi de Sardaigne, a pu inspirer peut-être d'ambitieuses pensées, une souveraineté en Palestine, par exemple, comme on a rêvé aussi une royauté d'Italie. Ces illusions seraient malheureuses; elles enfanteraient une petite et sourde politique, hostile au protectorat français, et, si nous sommes bien informés, l'action secrète de la Sardaigne, de 1840 à 1848, n'a pas été moins fâcheuse pour nos intérêts de terre sainte que les brutales manœuvres des Grecs et des Turcs. Nous souhaitons au gouvernement de Turin, dans ces graves matières, de se préoccuper un peu moins de lui-même et un peu plus de l'intérêt général de la catholicité. Du reste, le goût des anciens souvenirs pourrait être aujourd'hui pour la Sardaigne un heureux symptôme : il la retiendrait quelque peu sur la pente des choses inconnues qui mènent aux abîmes.

Nous entendons quelquefois comparer, dans la question d'Orient, la situation de la France en 1853 à sa situation en 1840; il n'y a rien de vrai dans ce rapprochement que l'isolement de notre pays aux deux époques. Nous ne sentons que du respect pour les hommes d'État qui présidaient aux affaires en 1840, et les épreuves nouvelles que nous avons traversées ont rapproché les combattants de ce temps-là dans une bienveillante et patriotique pensée. Mais les hommes d'État de 1840 souffriront qu'on leur dise qu'ils furent mal servis par leurs agents dans la question égyptienne, qu'ils prirent pour un solide édifice je ne sais quel échafaudage théâtral ; que le prétendu empire arabe des bords du Nil était un empire sans peuple et sans fondement; que la civilisation égyptienne, comme on l'appelait, n'était rien de plus qu'un asservissement immense et une immense misère au profit d'une flotte et d'une armée. Et quelle inspiration malheureuse que de prendre fait et cause pour Ibrahim-pacha (quel civilisateur, bon dieu!) contre les chrétiens de Syrie dépouillés et écrasés, contre la nation maronite, notre amie et notre protégée depuis six siècles, qui se révolta et eut raison de se révolter! On livrait, sans y penser assurément, la chrétienne et vaillante Syrie au despotisme le plus odieux qui fut jamais. Ce fut en tournant le dos à sa politique traditionnelle que la France se brouilla avec les puissances européennes.

Elle eut tort en 1840; elle a raison en 1853. La question des lieux saints n'est pas quelque chose de particulier qui soit venu se substituer à la question d'Orient ou qui l'ait irritée ou compromise; ce serait une grave et dangereuse erreur de l'appeler un *incident;* la question des lieux saints n'est certes pas toute la question d'Orient; car l'Angleterre, si intéressée dans les affaires de l'empire ottoman, se place en dehors du débat pour la question des sanctuaires; mais la question des lieux saints est une partie très-considérable et tout à fait capitale de la question d'Orient; elle se mêle à ses plus intimes profondeurs. Oui, il y a là une question française, c'est la question catholique, comme il y a une question russe, la question de l'Église grecque. Quand la France a réclamé auprès de la Porte, elle a parlé au nom de son droit; elle a obtenu des firmans; que n'a-t-elle pu assurer et maintenir leur exécution! L'Angleterre déclare à la France qu'elle n'a rien à voir dans l'affaire des lieux saints; c'est tout simple. Pourquoi iraitelle sans intérêt et sans but se mettre mal avec la Russie? S'il y avait en Orient des populations protestantes, la Grande-Bretagne s'arrangerait pour se forger des droits autour du calvaire ou de la crèche de Bethléem; le protestantisme dans le Levant n'est qu'à l'état d'embauchage biblique, et les gouvernants de Londres ne frappent point à la porte de l'église du Saint-Sépulcre. Là ne sont pas leurs intérêts. Peut-être leur part de succession est-elle déjà réglée. Dans ce commerce de l'Inde où l'Angleterre a supplanté l'Espagne et le Portugal, il lui faut un passage, un point de communication, un établissement dominateur; ce lieu de passage, de communication, d'établissement, c'est l'Égypte, l'Égypte où la France des vieux temps et des temps nouveaux posa le pied; l'Égypte que Leibnitz ne voulait donner qu'au roi de France et qui garde notre souvenir et nos vestiges. Disons aussi que le protestantisme et le schisme grec n'auront jamais grande difficulté à s'entendre quand il s'agira du catholicisme, qu'ils appellent leur ennemi. Les erreurs se repoussent entre elles, mais se réunissent dans une commune haine contre la vérité! Ceux qui ont imaginé dans la question d'Orient une alliance de la France avec l'Angleterre, n'ont rien compris aux grandes choses qui se préparent. La France et la Grande-Bretagne, soit qu'il s'agisse de religion, soit qu'il s'agisse de politique, sont naturellement deux ennemies sur le terrain oriental. L'Angleterre s'armerait-elle pour concourir à défendre les Turcs? Qui donc aujourd'hui en Europe voudrait se battre au profit du cadavre ottoman? Nos voisins cueillent les fruits quand ils sont mûrs, et ne se mettent pas en peine si d'autres ne les cueillent pas.

Bonaparte qui disait : « La vieille Europe m'ennuie.... les grands noms ne se font qu'en Orient, » avait eu, après le siége de Toulon, la pensée d'aller offrir ses services au sultan Sélim III, dont il savait les préoccupations pour la régénération Ottomane; il avait songé à se faire instructeur sur les bords du Bosphore et rêvait sans doute un grand destin en Orient. Ce ne serait point ici le lieu d'examiner comment les choses auraient tourné en France avec Bonaparte de moins, mais il est curieux de se demander ce qu'on aurait vu dans l'empire des sultans et quelle situation nouvelle eût été faite au drapeau du Croissant si, à la fin du XVIIIe siècle, un génie militaire comme Napoléon s'était montré à la tête des armées Ottomanes.... Dieu ne permit point que le drapeau de l'islamisme renouvelât connaissance avec la victoire, les défaites et les humiliations se sont accumulées; les prophéties qui annoncent aux

Turcs leur expulsion de Constantinople sont à la veille de s'accomplir. Reste à savoir comment se produiront les derniers efforts de l'empire et les dernières violences du fanatisme musulman.

XVII.

Résumons-nous. Les siècles et les traités nous ont donné des droits; la France les a toujours soutenus victorieusement. Notre place aux lieux saints signifie protectorat sur les catholiques du Levant : c'est une question d'intérêt national et de civilisation. Tout catholique en Orient se croit un peu Français et compte sur nous; il est tranquille et respecté en raison de notre influence. Il nous est uni par la tradition, par ce qu'il y a de plus fort dans l'âme humaine, la foi, et par les longs souvenirs de la reconnaissance, car c'est nous qui avons conquis pour lui le libre exercice de sa croyance. Catholique et Franc, c'est tout un dans le Levant. On sait que ce nom de Franc est la désignation orientale de l'Européen; et si l'Européen est appelé du nom de Franc chez les peuples de l'Asie, c'est que dans les vieilles et grandes guerres de l'Occident contre l'Orient, la France marcha toujours hardiment et glorieusement à la tête de l'Europe. Tout ce que nous ferons pour les catholiques du Levant, nous le ferons donc pour nous, pour notre dignité, pour notre ascendant, pour le progrès de nos relations politiques et commerciales.

L'histoire elle-même convie la France à reprendre en Orient le rôle magnifique qu'elle a longtemps joué à la face de l'univers. Il n'est pas aussi aisé qu'on le croit de manquer à sa mission. Le génie civilisateur de la France a marqué sa place dans ces lointaines régions, où tant de choses sont à féconder, tant de ruines à relever, et le génie n'abdique pas. Les révolutions d'un pays sont des préoccupations qui l'arrêtent, des liens qui le garrottent, des difficultés incessantes qui l'empêchent de marcher dans sa force et d'être tout ce qu'il peut être : elles sont comme les mauvais chemins dans le voyage des nations, et ne laissent pour passage à la caravane qu'un étroit sentier entre deux abîmes. La France, cette marcheuse intrépide vers la gloire, a eu ses temps de péril, ses temps de lassitude; mais elle reprendra vivement sa route, car elle n'est pas encore au bout de sa journée, de cette journée d'initiative, de grandeur et de protection qui sera sa tâche providentielle en ce monde. Elle signalera son réveil au dehors par l'énergie de son protectorat catholique et la revendication de ses droits aux lieux saints; et par là elle retrouvera sa vieille influence; elle se mêlera fortement à ce travail de civilisation qui doit s'accomplir sur les débris de l'empire des Osmanlis, travail profond qui a commencé par nous, qui a été continué par nos idées, qui s'est ralenti par l'absence de notre génie, et qui, à un temps donné, doit transformer l'Orient. La force russe et la force britannique sont devenues un grand spectacle pour l'univers; elles ont des côtés puissants qui frappent l'imagination; mais nous ne connaissons rien de comparable à l'idée catholique pour créer une civilisation haute et durable, et l'avenir de la civilisation en Orient veut que la France ressaisisse vigoureusement son protectorat catholique et la grandeur de son ancien rôle. Napoléon, qui se connaissait en grandeur nationale, disait qu'il prenait à son compte la politique extérieure des rois de France depuis Charlemagne. Ah! s'il était vrai que la France telle que les révolutions l'ont faite, ne fût plus la grande France d'autrefois, qui d'entre nous sentirait assez peu dans l'âme la flamme sacrée du patriotisme pour ne pas maudire les révolutions?

L'attitude de la Russie à Constantinople présage des solutions prochaines. Nous ne pensons pas que la guerre sorte de la mission du prince Mentschikoff, à moins de résistances très-inattendues. Cette mission, si hautaine dans sa forme, si rigoureuse dans son but, réussira, nous le croyons, comme a réussi la mission poliment impérieuse du comte de Leiningen, qui a été la petite pièce avant la grande; elle se poursuivra lentement, car les forces souveraines n'ont pas besoin de se presser; elle sera conduite secrètement afin que les détails en soient dérobés aux investigations de la diplomatie de Péra; elle s'achèvera sans aucune médiation européenne, parce que la Russie, depuis le traité de Kaïnardjé, fait ses affaires directement avec la Porte et n'accepte l'intervention de personne.

La guerre sortira-t-elle de la question d'Orient? Nous l'ignorons. Cette immense affaire peut se dénouer à coups de canon ou dans les pacifiques délibérations d'un congrès. Mais dans le cas d'un congrès pour un règlement définitif, y aurait-il convocation de toutes les grandes puissances? Et si les cinq grandes puissances se trouvaient là, serait-il impossible que l'une d'elles eût de graves raisons de se plaindre? Voilà des doutes d'où peut sortir toute chose au monde. C'est ici que pour faire pressentir les événements futurs, il faudrait comprendre tout ce que peuvent les inspirations de l'isolement!

Tant il y a que la solution ne se fera pas longtemps attendre. La question pendante tient en suspens les destinées du monde; l'Occident est en l'air par l'incertitude même de l'équilibre des territoires et la nécessité de se mettre en mesure.

M. de Maistre, génie audacieux et prophétique, qui s'est peu trompé parce qu'il a tout vu en chrétien, annonçait que la messe catholique serait chantée à Sainte-Sophie de Constantinople. Nous avons laissé voir que le Bosphore sera bientôt russe, que la capitale du sultan deviendra la seconde capitale des czars, qu'un empire grec schismatique sortira des débris de l'empire ottoman, et nous n'avons pas caché nos vives inquiétudes pour le catholicisme en Orient ; voudrait-on en conclure que la prophétie de M. de Maistre ne s'accomplira pas ? Ce serait d'un esprit bien court. Quand nous souhaitons que la France reprenne son rôle glorieux d'autrefois, c'est pour l'honneur de notre nom et pour abréger la durée des jours mauvais. La France fut longtemps entre les mains de Dieu un outil pour ses desseins ; rien ne nous révèle que d'autres instruments aient été choisis pour l'exécution des plans divins. Si la suprématie du schisme devait s'établir triomphalement en Orient, ce serait une épreuve et non pas une défaite que nous y verrions ; nous autres, gens de foi, nous ne nous attachons pas en désespérés à l'heure présente, et nous regardons l'avenir avec un rayon de cet œil éternel qui sait attendre. Il est aisé de reconnaître à l'avance des causes inévitables de déchirement dans un empire russe en Orient gouverné par un chef à la fois césar et pontife ; outre que le schisme grec ne se manie pas comme le schisme russe, et que le caractère grec se remue et s'agite sans cesse, on pourrait bien difficilement fermer le nouvel empire à l'invasion des idées occidentales, à l'invasion du génie et du savoir; et les Églises de Photius ne sont à leur aise que dans la nuit de l'ignorance. L'unité définitive ne se fera pas dans l'erreur; elle ne s'accomplira que dans la vérité, et la vérité c'est l'Église universelle. C'est pour elle que des empires tomberont et que d'autres prendront leur place; c'est pour elle que travailleront à leur insu les maîtres de la terre.

Ah! dans nos jours si troublés, que de consolations religieuses la France a données! A ne voir que l'apparence des choses, les générations de notre âge traversaient le temps uniquement absorbées par la contemplation et l'amour du monde matériel, comme si le monde moral n'eût pas existé; un seul dominateur étendait sa main sur les sociétés, et ce dominateur, c'était la matière : vers elle semblaient se tourner, dans une prédilection exclusive, le génie, les goûts, les instincts, les passions. La vapeur donnait des ailes aux chars et aux vaisseaux; toute distance s'effaçait sur les terres et sur les mers; les montagnes s'abaissaient ou s'ouvraient pour donner passage. Merveilleux progrès pour aller ravir plus promptement aux contrées lointaines leurs curiosités et leurs produits ! Grandes découvertes pour multiplier plus rapidement les jouissances et amasser plus vite des trésors ! Or, pourquoi le tairions-nous ? Des hommes avaient pensé avec quelque joie que le culte fervent de la matière et la préoccupation des intérêts ne laisseraient aucune place aux idées religieuses ! ils avaient espéré confisquer Dieu au profit de la terre, confisquer l'âme au profit du corps, et faire de ce monde matériel comme un beau sépulcre où le Christ eût été enseveli pour jamais. Vœux inutiles ! Dieu est resté dans sa gloire ; l'âme a gardé sa victorieuse immortalité, et le Christ a de nouveau triomphé de la tombe ! Nous ne condamnons pas les efforts des empires pour accroître leurs richesses ; nous aimons ces efforts. La prospérité des nations monte comme un hymne joyeux vers Dieu de qui procède toute magnificence. Nous ne condamnons que l'oubli de la fin sublime de l'homme. Cependant, à côté de l'exploitation passionnée des surprenantes merveilles de la matière, d'autres merveilles s'agitaient : les entrailles de la société redevenaient chrétiennes, les racines de l'arbre de la vérité plongeaient dans les profondeurs du sol : la Providence faisait son œuvre.

Voyez donc cette Asie, berceau de ce qu'il y a eu de plus grand chez les hommes ! Le génie de l'industrie s'ouvre partout des voies dans ces régions, et la parole évangélique tantôt le devance et tantôt marche à sa suite. Le souffle chrétien pénètre ces contrées ; il adoucit les mœurs, relève les ruines, et féconde les lieux stériles. Une nouvelle vallée d'Ézéchiel s'est éveillée avec ses ossements, et la force chrétienne a fait tressaillir les morts. La pente est ménagée; les chemins sont tracés; les nations asiatiques attendent la lumière, comme l'antiquité attendait quelque chose d'inconnu à l'approche du Messie. L'Occident s'incline avec amour vers l'Orient; il lui distribue les trésors de son savoir et de sa foi, comme pour lui rapporter pieusement ce qu'il reçut jadis de sa miraculeuse fécondité. O brillante aurore d'un jour qui sera magnifique! Heureux les yeux qui verront Jérusalem, Constantinople, le Caire, Bagdad, Ispahan, soumis à l'empire de la croix !

Immense famille humaine , marchez vers

l'unité, non pas vers l'unité politique, impossible à cause de la variété des besoins, des climats, des mœurs, des traditions et des caractères, mais vers l'unité morale et religieuse; c'est votre loi, votre destinée ; ce sera votre perfection suprême, votre gloire la plus belle, car c'est par là que vous remonterez à Dieu !

Écouen, avril 1853.

FIN.

APPENDICE.

Nous donnons ici un tableau des possessions et des prérogatives de l'Église catholique en Palestine, que nous empruntons à M. le comte de Marcellus :

§ I. Dans la ville de Jérusalem.

1° L'église du Saint-Sépulcre.

2° Le monastère de *Deïrul-Amoud* ou Saint-Sauveur, ses attenances et dépendances.

3° Le sépulcre de Notre-Seigneur Jésus-Christ, qui est dans le milieu de l'église du même nom.

4° La grande et la petite coupole garnies de plomb qui les couvrent.

3. Les Grecs, depuis la reconstruction de la coupole, en 1808, prétendent posséder la moitié du sépulcre, que leur accorde un firman émané en 1813. — *Cette note et les notes suivantes reproduisent les observations que j'avais annexées, en* 1820, *au tableau ci-dessus.*

5° Les voûtes et les colonnes qui sont alentour, jusqu'aux grilles de fer placées pour marquer la ligne où commence la partie de l'église appartenant aux Grecs.

6° Les galeries et les habitations des religieux latins, qui sont sur lesdites voûtes et colonnes.

7° La grande voûte surmontée de la coupole qui se trouve au-dessus desdites grilles de fer.

8° La chambre qui est au bout de la muraille de la susdite grande voûte.

9° Les chandeliers placés par Sa Majesté le roi de France sous cette même grande voûte.

10° La *pierre* dite *de Sainte-Marie-Madeleine*, et toute la place qui s'étend depuis le degré de la sacristie des religieux francs jusqu'aux degrés de la porte de la citerne, et depuis le dessous des colonnes jusqu'aux degrés de la chapelle catholique.

11° La partie supérieure des sept arcades nommées *les arcs de Sainte-Marie*.

12° La partie inférieure desdits arcs.

13° Le petit autel qui est au-dessous desdits arcs.

14° Toute la place, depuis la *pierre de Sainte-Marie-Madeleine* jusqu'à la grande porte qui est à côté de la porte de la chapelle des Grecs, et depuis la mu-

5. Dans la galerie supérieure, il y a dix-sept arcades. Les catholiques en possèdent onze, et les Arméniens six. Un mur grossier, élevé par ces derniers, sépare les deux propriétés.

7, 8, 9. Ces trois objets ont été brûlés dans l'incendie de la coupole en 1808, et n'ont pas été rétablis depuis.

11. Quatre de ces arcades ont été usurpées par les Grecs.

raille de ladite chapelle jusqu'à la muraille de l'église du Saint-Sépulcre.

15° La partie inférieure de la grotte de *l'Invention de la Sainte-Croix.*

16° La moitié du mont Calvaire, dit *du Crucifiement.*

17° Les quatre voûtes du mont Calvaire, dans la partie latérale de l'église du Saint-Sépulcre.

18° Ses deux autels.

19° La chaise d'appui en marbre.

20° La pierre de l'Onction.

21° Tout l'espace qui s'étend depuis les degrés du mont Calvaire jusqu'au-dessous de l'arcade possédée par les Arméniens, et depuis la muraille de la chapelle des Grecs jusqu'au degré de la porte du temple du Saint-Sépulcre.

22° La chapelle dite *le Calvaire extérieur*, placée sur la hauteur du temple où l'on monte par un escalier en pierre*.

15. Cette grotte, qui s'appelle aussi la *chapelle de Sainte-Hélène*, est presque toujours envahie par les Grecs, et n'appartient plus que nominalement aux Latins.

19. Cette chaise n'existe plus.

20. La pierre de l'Onction est devenue commune aux Latins et aux Grecs.

* Pour mieux comprendre la première partie de ce tableau, on peut consulter le plan de l'église du Saint-Sépulcre, inséré dans le *Voyage au Levant*, de M. le comte de Forbin.

§ II. Hors de la ville de Jérusalem.

Dans la vallée de Josaphat.

23° Une grotte qui sert d'église, où est le sépulcre de la sainte Vierge Marie.

24° Les deux chapelles de Saint-Joachim, de Sainte-Anne, de Saint-Joseph, et une chambre ou sacristie.

25° La grotte qui est à côté de la première grotte susdite, au-dessus et alentour des jardins.

26° Le champ où sont les tombeaux des religieux francs et des individus mourant à Jérusalem qui appartiennent à leurs nations.

§ III. Dans le village de Bethléem.

27° Le couvent de Bethléem.

28° Les jardins du couvent.

29° L'église de Sainte-Catherine.

30° La grotte de Saint-Jérôme, les autels de Sainte-Paule, Sainte-Eustochie, Saint-Joseph et des Innocents.

31° L'église nommée *la grande église de Bethléem.*

23, 24. Ces deux sanctuaires ont été usurpés par les Grecs en 1757.

27. Les Latins n'ont plus qu'un tiers environ du couvent de Bethléem, le reste est arménien ou grec.

31. La grande église de Bethléem a été usurpée par les Grecs

32° L'intérieur de la grotte où est la crèche de la nativité de Notre-Seigneur Jésus-Christ.

33° Dans la même grotte les deux autels *de la Nativité* et *de l'Adoration des rois mages*.

34° La crèche.

35° Les deux jardins attenant et appartenant à la susdite crèche.

36° La place nommée *des Colonnes*, et le corridor de la grande église, dite aussi *église des Colonnes*.

37° La chambre appelée *le Moulin-Vieux*, dans le corridor de ladite église.

38° La continuation dudit corridor jusqu'à la porte où l'on sort dans la rue ou sur la place.

39° La ruine nommée *Bed-el-Sultan*.

40° Le grand jardin qui sert de cimetière aux religieux francs et aux personnes de leurs nations.

41° Le champ dans lequel est la *grotte des Pasteurs*.

en 1757; puis les Arméniens ont enlevé aux Grecs le chœur de cette église; les Latins y avaient conservé une porte et le droit de procession journalière. Les Arméniens ont muré cette porte le 25 avril 1819, et la procession a cessé.

33. Le premier de ces autels a été usurpé par les Grecs et par les Arméniens.

35. Les Grecs, en 1757, se sont emparés de l'un de ces deux jardins.

36, 37, 38. Ces trois objets ont été pareillement usurpés par les Grecs en 1757.

40. Les Grecs se sont mis en possession de ce grand jardin depuis peu d'années, et il ne sert plus à la sépulture latine.

41, 42, 43. Ces trois propriétés ont été données aux Grecs par un firman récent.

42° La muraille appelée *muraille romaine.*

43° La citerne et le bois d'oliviers dits *de Bethléem.*

§ IV. Dans le village de Saint-Jean.

44° Le couvent dit *de Saint-Jean.*

45° L'église dite *de la Naissance de Saint-Jean.*

46° Les deux jardins du couvent.

47° La ruine dite *de la Visitation de Sainte-Élisabeth*, dans la montagne peu distante et vis-à-vis le couvent de Saint-Jean.

§ V. En Palestine.

48° Le couvent de Rama (Arimathie), ses jardins et ses appartenances.

49° Le couvent de Jaffa (Joppé) et ses appartenances.

50° Le couvent d'Acre (Ptolémaïde) et tout ce qui en dépend.

51° Le couvent de Nazareth, ses jardins, appartenances, église, chapelle, ruines du Mont-Thabor et autres lieux de visite en Galilée.

52° Le couvent de Séyde (Sidon) et ses dépendances.

53° Le couvent de Damas (en Syrie) et tout ce qui en dépend.

44 à 47. Nos possessions n'ont souffert aucune atteinte dans la ville de Juda, qui est en ce moment le village de Saint-Jean.

48 à 53. Il est à remarquer que toutes les possessions latines,

Prérogatives.

1° Les pères de Terre-Sainte, religieux latins, possèdent seuls les clefs des portes des couvents ou sanctuaires ci-dessus désignés, et, spécialement les trois clefs de l'autel de la crèche, à Bethléem.

2° Ils ont le droit de garder lesdits lieux, de les restaurer, réparer, entretenir, orner, et d'y allumer des lampes.

3° D'y célébrer la sainte messe et d'y exercer les rites et cérémonies de leur culte.

4° D'avoir le pas sur toutes les autres nations dans les visitations des pèlerinages des saints lieux.

5° Ils ont le droit de visiter la moitié du mont Calvaire qui ne leur appartient pas, de célébrer la messe sur cette moitié susdite, et d'y allumer des lampes.

6° Les religieux francs ont le droit exclusif d'exer-

en Palestine et en Syrie, ont été respectées jusqu'ici. Tous ces couvents et leurs dépendances sont aux Latins sans contestation. C'est à Jérusalem et à Bethléem seulement que leurs droits sont usurpés, leur jouissance interrompue, et leurs propriétés violées.

1. Les Turcs se sont emparés des clefs du saint sépulcre à Jérusalem, dont ils ont fait un privilége lucratif, et ils les retiennent seuls. A Bethléem, l'accès de l'autel de la crèche est ouvert à tous.

5. On ne peut aujourd'hui ni allumer des lampes, ni dire la messe dans la moitié du mont Calvaire qui appartient aux Grecs.

cer leur culte dans le bas du souterrain de la grande église de Bethléem.

7° D'empêcher les autres nations d'y allumer des lampes, célébrer leurs offices et y exercer leur culte.

8° De s'opposer aussi à ce que les autres nations visitent les saints lieux possédés par eux, religieux francs.

9° Les procès intentés aux religieux francs ne seront point soumis aux autorités du pays, mais bien renvoyés à la Sublime Porte à Constantinople.

10° Il est défendu aux Maugrebins de faire aucune avanie aux religieux francs à *Aini-q'arim*, sous aucun prétexte.

11° Il est défendu aux douaniers turcs à Jérusalem de visiter les effets des religieux ou pèlerins catholiques qui auraient été déjà visités dans les échelles où ils auront abordé.

12° Il est également interdit de prendre ou de détourner les habits des religieux ou ornements des églises latines.

13° D'obliger les religieux francs de recevoir de mauvaises monnaies.

14° *De leur prendre de l'argent.*

15° Il est défendu d'exiger des religieux francs la

6, 7, 8. Ces trois privilèges sont perdus.

9. Cet article d'une ancienne convention n'est point exécuté.

14. Cette prérogative est complétement tombée en désuétude. Les autorités turques sont habiles à éluder le sens de l'article, et prétendent que recevoir des présents ou des tributs qu'elles savent secrètement exiger, ce n'est pas prendre de l'argent.

moindre rétribution pour droit de sépulture de leurs morts.

16° D'exercer aucun mauvais traitement contre les religieux qui apportent des pays francs les tributs d'usage, dans le cas où ils arriveraient trop tard.

17° D'inquiéter en rien les religieux et pèlerins de terre sainte dans le cours de leurs visitations ou pèlerinages.

18° De les troubler jamais dans l'exercice de leur culte, tant que ce culte à l'extérieur ne contreviendra pas aux lois musulmanes.

19° Il est défendu aux autorités turques de faire plus d'une visite d'inspection par an au saint sépulcre.

20° D'obliger les religieux francs à acheter du blé avarié.

21° Les pères latins ont le droit exclusif d'envoyer les membres de leurs communautés ou des courriers à Constantinople pour leurs affaires, sans qu'on puisse s'y opposer *.

* Tous ceux de ces privilèges dont l'exercice dépend uniquement des Turcs, subsistent encore dans leur entier. Il faut en excepter, cependant, comme nous l'avons déjà dit, l'article 14 ci-dessus.

LA RÉFORME EN TURQUIE.

Dans le cours de notre écrit, nous avons dit un mot de la réforme en Turquie et des chimériques espérances que presque toute la presse française avait entretenues à cet égard ; nous sommes du très-petit nombre de ceux qui ne voyaient dans cet essai de rénovation qu'une cause de ruine plus rapide : nous avons fréquemment exprimé nos doutes et nos appréhensions dans la *Correspondance d'Orient*. On nous saura gré de reproduire ici quelques pages de l'ami et du compagnon qui, dans ses lettres de Constantinople, jugeait de si haut et si finement la réforme ottomane ; ce clairvoyant esprit, M. Michaud, n'aurait pas une syllabe à changer à la lettre suivante, écrite de Péra au mois de septembre 1830 :

« Vous désirez, mon cher ami, que je vous parle souvent de la révolution qui s'opère dans ce pays ; vous désirez connaîtres on caractère, sa physionomie, ce qu'elle a fait et ce qu'elle a produit jusqu'à ce jour. Il n'est pas facile de répondre à toutes ces questions, et de vous informer exactement de ce que vous voulez savoir ; vous avez dû voir déjà que la révolution des Turcs ne se faisait pas comme la vôtre; chez vous, c'est le peuple qui veut réformer son gouvernement ; à Stamboul, c'est le gouvernement qui voudrait réformer le peuple ; d'un côté, le signal des révolutions est parti d'en haut ; de l'autre, une révolution vient de sortir des pavés ; ici un seul homme se met à la tête de réformes, il s'avance comme dans l'ombre, et la révolution qu'il médite est encore un des mystères du despotisme. En France, vous avez affaire à toutes les indiscrétions des partis, aux fureurs bruyantes de la démocratie qui veut sur toute chose qu'on la regarde et qu'on l'écoute ; chez les Turcs, la révolution se montre une fois sur les places publiques, mais tout se passe ensuite dans l'enceinte muette du sérail ; au dehors pas un mot, et le silence même du peuple n'a rien à nous apprendre.

Lorsqu'une révolution vous arrive en France, la presse la proclame, et cent mille voix s'élèvent pour la discuter, la commenter ou la défendre ; il n'est point de cité, point de bourgade qui n'en retentisse; on peut la comparer à un grand mélodrame qui se joue en plein air, dans lequel tout le monde est acteur ou spectateur et dont les représentations se renouvellent sans cesse dans mille endroits à la fois. Pour me résumer en quelques mots, rien n'est plus difficile en Turquie que de voir les révolutions qui se font ; en France, il serait impossible de ne pas les voir.

« En vous disant que la révolution des Turcs ne ressemble pas à la vôtre, je vous ai peut-être mis sur la voie de la connaître, ou d'en avoir au moins quelque idée; j'ajouterai seulement au parallèle que je viens de faire quelques observations générales sur l'état des esprits et des opinions à Stamboul dans le moment où je vous écris; je joindrai à ces observations ce que j'ai appris dans mes conversations avec quelques Français éclairés qui habitent cette ville depuis plus longtemps que moi.

« Je dois vous dire qu'on se fait beaucoup d'illusions à Paris, et sans doute aussi dans d'autres grandes cités de l'Europe sur les progrès des lumières et de la civilisation à Constantinople ; voyons à quoi se réduisent ces progrès. Je vous ai déjà parlé du changement dans les costumes ; le fesse rouge qui a succédé au turban, la babouche qui imite le soulier, un cafftan dont on a fait une redingote, enfin des habits qui ont à la fois quelque chose de turc et quelque chose de français, et qui ne sont ni français ni turcs ; voilà ce qui frappe d'abord un étranger qui veut savoir ce qu'a produit la réforme de Mahmoud. J'ajouterai que les nouvelles milices ont été amenées à faire l'exercice en commun, à s'aligner, à garder leurs rangs, à manier le fusil et la baïonnette à peu près comme nos soldats ; on sait combien d'obstacles il a fallu vaincre pour arriver là ; ces changements méritent sans doute votre attention, et doivent jusqu'à un certain point exciter votre surprise ; mais je crains bien que tout cela ne soit encore au fond que de la barbarie, de la barbarie vêtue à la franque et disciplinée à l'européenne.

« La civilisation, et surtout celle qu'on emprunte, ne saurait faire des progrès rapides chez un peuple à qui on répète tous les jours qu'il est le premier des peuples, et dans une société qui se croit toujours le modèle des sociétés. Pour arriver d'ailleurs à une civilisation quelconque, il faudrait en avoir au moins une première idée et savoir ce que c'est; ici notre civilisation est tout à fait comme une terre inconnue, comme un monde nouveau ; il est difficile de marcher droit vers un but qu'on ne connaît pas, et de marcher vite lorsqu'on ne sait pas précisément où l'on va; il n'y a point de véritable zèle parce qu'il n'y a point de conviction; le sultan lui-même ne croit pas toujours à sa propre révolution; de là ces hésitations qui ressemblent au découragement, et qui font encore quelquefois que tous les projets de réforme sont abandonnés.

«Vous savez quel fut l'enthousiasme qui suivit la chute des janissaires; cet enthousiasme est tombé sans que le sultan Mahmoud en ait profité pour la révolution qu'il voulait faire. Il y a cinq ans que la réforme est commencée, et je ne crains pas de dire que, sous certains rapports, on est moins avancé que le premier jour. On a pu voir en Turquie ce qui est arrivé et ce qui arrivera sans doute encore dans d'autres pays, où les révolutions au moins pour ceux qui les font, n'ont qu'une belle journée :

c'est la première. Tout le monde est dans l'ivresse, parce qu'on croit que tout est là, que tout est fini; lorsqu'on est obligé de recommencer le lendemain, les esprits se refroidissent, les opinions se divisent; d'un côté la lassitude, de l'autre la discorde. N'y a-t-il pas là plus qu'il n'en faut pour revenir au point d'où on était parti, ou tout au moins pour porter ses regards en arrière?... La grande difficulté pour tous ceux qui font des révolutions, c'est de les conduire; les révolutions, même celles qui ont pour mobile la nécessité des temps, ressemblent à nos aérostats, qu'on peut facilement lancer dans les nues avec un peu de gaz inflammable, mais qui, montés brusquement au plus haut du ciel, deviennent le jouet des vents, parce que le génie de l'homme n'a point trouvé le secret de les diriger.

« Mahmoud sera-t-il plus heureux que tant d'autres? A sa cour, les vieux Osmanlis hésitent à le suivre; les uns craignent d'être supplantés par les jeunes gens, impatients d'arriver aux affaires, et qui se prêtent plus facilement aux nouveautés; les autres, et c'est le plus grand nombre, restent en arrière par la raison que leur *pli est pris*, et qu'ils ne peuvent changer leurs habitudes. Il n'y a rien de plus difficile dans le monde que d'apprendre à vivre, et le tort des révolutions est d'exiger qu'on retourne à l'école et qu'on désapprenne la vie. Je me rappelle ce que me disait le deidar d'Athènes : *les révolutions sont bonnes pour les jeunes gens.* Cette nécessité de changer sa vie doit être plus pénible encore en Turquie que partout ailleurs; il n'est pas de pays où l'on se règle plus d'après le passé. Le respect pour le passé est un caractère ineffaçable chez les Turcs ; ils le montrent en toute occasion, dans la politique comme dans le monde, dans les affaires sérieuses comme dans celles qui ne le sont pas. Si vous demandez à un Osmanli pourquoi le monde existe, il n'en verra pas d'abord d'autre raison, si ce n'est que le monde existait hier. C'est le passé qui est pour lui la vérité, qui est la justice, qui est la loi, qui est Dieu. Vous pouvez juger combien ce caractère doit être favorable aux abus lorsqu'ils ont vieilli, et combien il est peu propre à seconder une réforme quelle qu'elle soit.

« Nous avons vu les ulémas s'associer d'abord à la révolution du sultan Mahmoud; ils ont bien consenti à la destruction d'une milice rebelle , mais à condition qu'ils deviendraient les seuls conseillers du trône, et que par là ils seraient les maîtres d'arrêter le mouvement où ils voudraient. Comme ils sont les interprètes de la loi religieuse, et que la loi religieuse se mêle à tout, il n'est point d'améliorations ou de réforme qu'ils ne puissent empêcher avec un article du Coran. Autrefois les ulémas se servaient des janissaires pour faire de l'opposition au gouvernement. Ils s'appuient maintenant pour conserver leur domination sur ce qui est resté dans le peuple de l'esprit séditieux des janissaires.

« La résistance qu'on oppose à Mahmoud est d'autant plus opiniâtre qu'elle est toute religieuse ; je ne sais si je me trompe, mais il me semble que l'ascendant de la raison ne devait pas suffire pour réformer un peuple qui n'est point éclairé et qui n'est que superstitieux. Pour prendre son rang parmi les grands législateurs, Mahmoud aurait mieux fait de se présenter aux Turcs comme un inspiré, comme un prophète, que comme un philosophe et un ami des lumières ; les dévots musulmans l'accusent d'avoir oublié le Coran ; pour moi je lui reproche d'avoir oublié l'exemple de Mahomet, qui ne faisait pas, comme on sait, de la philosophie avec ses disciples, et qui, pour accréditer sa législation, ne s'est pas adressé à la sagesse humaine. Quand on veut réformer un peuple, il faut s'appuyer sur les passions, sur les opinions et sur les préjugés qui existent et non sur ce qui n'existe pas encore, sur ce qu'on ne connaît pas; je ne crois pas qu'on puisse jamais faire une révolution politique en Orient, sans parler à l'imagination et à l'esprit religieux des peuples. Chez des nations où la foi n'arrive qu'à la suite des prodiges, il restait encore au sultan réformateur un dernier moyen d'influence, c'était la victoire. Malheureusement, depuis que son œuvre est commencée, Mahmoud n'a éprouvé que des revers; en voyant sa flotte détruite, ses armées vaincues, sa capitale menacée, les peuples ont pu se persuader que Dieu n'approuvait pas les desseins de sa politique; dans l'opinion des musulmans, un prince que la fortune des armes abandonne n'est point celui que le grand Allah a dû choisir pour leur donner des lois.

« Si Mahmoud s'était trouvé à la tête d'une de nos sociétés d'Europe, il aurait pu s'adresser au patriotisme des peuples; mais le patriotisme, tel que nous le connaissons, est une vertu ignorée des Osmanlis. Le seul nom du pays où nous sommes nés, le nom de la ville, de la nation dont chacun de nous tire son origine, nous fait battre le cœur : on ne retrouve point ce sentiment chez les Turcs; Stamboul n'est pour les Osmanlis qu'un lieu où leur nation est venue camper, qu'une ville dont l'islamisme a pris possession. Comme ces plantes de nos jardins, qui se tournent sans cesse vers le soleil, un bon Osmanli, quelle que soit la contrée qu'il habite, tient toujours ses regards attachés vers les lieux d'où la foi lui est venue, et c'est là qu'est sa terre promise, sa terre de prédilection; il n'est pas un vrai croyant qui ne donnât la capitale de l'empire pour racheter la Mecque et Médine : aussi invoque-t-on plutôt dans le pays le nom de Mahomet et celui de califes que la tradition nationale. Les lois des Turcs sont moins celles du pays qu'ils habitent, que celles de la religion qu'ils professent. Pour nous résumer, les Osmanlis ne sont pas les citoyens d'une ville, les sujets d'un empire, ce sont des musulmans plus ou moins fidèles à leur foi, et chez lesquels tout ce qui pouvait ressembler au patriotisme est tout à fait subordonné au fanatisme religieux.

« Les secours que Mahmoud ne trouve point dans son empire, il ne peut les recevoir des étrangers, car les ulémas ne laissent point oublier ces paroles du prophète : *Celui qui prend les étrangers pour amis devient semblable à eux, et Dieu n'est pas le guide des pervers.* Cette maxime, qui a longtemps séparé les Ottomans des nations de l'Europe, élève encore une barrière presque invincible entre la Turquie et les peuples policés. Lorsque le czar Pierre voulut civiliser les Russes, il fut plus heureux que Mahmoud. Après s'être délivré de la milice des strélitz, il eut quelque peine à faire tomber la barbe des boyards, et à les faire voyager hors de leur pays, mais il put lui-même aller chercher en Europe les lumières dont il avait besoin : il put employer à son service des étrangers habiles qu'il associa à la gloire de son entreprise. Le sultan Mahmoud, loin de pouvoir aller lui-même au-devant d'une civilisation inconnue dans son pays, n'a pu consulter jusqu'ici que quelques hommes qu'il oserait à peine avouer devant son peuple, et ne connaît nos lumières que par les donneurs d'avis établis sur la colline de Péra. Le sultan ne pourrait employer ostensiblement, ni dans la paix, ni dans la guerre, les hommes les plus capables de le servir, s'ils n'ont répété que *Dieu est Dieu, et Mahomet son prophète*. Les chefs les plus renommés de nos armées, les hommes d'État que notre Europe admire, ne pourraient jouer, dans la réforme des Turcs, qu'un rôle semblable à celui du souffleur sur nos théâtres.

« Ce qui doit affliger ceux qui s'intéressent à la régénération de l'empire ottoman, et qui ont cru que notre civilisation pourrait s'y introduire, c'est de voir que cette civilisation est tout à fait incompatible avec le caractère et le génie des Turcs. Il n'est que trop vrai de dire que les musulmans ne peuvent arriver à la civilisation telle que nous l'entendons que par une extrême corruption, que par l'oubli absolu de leurs mœurs, de leurs usages et de leurs traditions religieuses. Une civilisation acquise à ce prix ne serait-elle pas mille fois pire que la barbarie? Où prendrait-elle ses racines? A quoi pourrait-elle se tenir pour avoir quelque durée? Je sais bien qu'une révolution absolue dans les mœurs des Turcs n'est guère possible. Mais alors qu'arrivera-t-il? Que voyons-nous déjà arriver à l'époque présente? Les esprits, si on en juge per la capitale, ne sont pas assez corrompus pour adopter les idées nouvelles, et le sont assez cependant pour ne pas revenir aux idées anciennes; on a détruit le vieil enthousiasme d'où venait quelquefois l'opposition ; aucun sentiment généreux et fort ne l'a remplacé. Serait-il donc vrai que l'empire ottoman, qui avait tant de peine à subsister avec les janissaires, ne pût vivre sans eux? Ce corps redoutable imprimait un mouvement à la nation, car, depuis qu'il n'est plus, il n'y a dans les esprits qu'incertitudes, contradictions, découragement. Partout l'absence de ce qui fait la vie et la puissance des sociétés. Les Turcs n'ont plus ni la volonté d'obéir ni la force de résister; ils ne peuvent ni s'associer à la révolution présente, ni en faire une autre. Lorsqu'on examine ce singulier état d'une nation , on ne s'étonne plus de l'esprit de fatalisme qui s'accrédite ehaque jour davantage, et qui consiste à laisser aller les choses comme il plaît à Dieu.

« Je ne vous ai parlé jusqu'ici que des Turcs de Stamboul; l'impulsion qu'on a voulu donner à la nation, si on en croit ceux qui ont parcouru les provinces, n'a jamais dépassé les murailles de Constantinople ; dans l'Anatolie, comme nous avons pu le voir , rien n'est changé aux vieilles opinions; à Brousse, qui n'est qu'à vingt lieues de Constantinople, tous les Osmanlis portent encore la barbe, la robe flottante et le turban tel qu'on le portait avant la révolution. A mesure qu'on avance vers le Taurus, la répugnance pour le fesse et pour tous les signes de la réforme devient plus grande et plus générale. Les Turcs de l'Asie Mineure, plus superstitieux, plus ignorants que ceux du reste de l'empire, ne voient dans la réforme qu'un fatal présage; quand on leur dit que le sultan de Stamboul, le vicaire du prophète, le représentant d'Allah, a pris le costume des giaours, ils ne peuvent s'expliquer une révolution semblable que par la pensée que le monde va finir; les plus fanatiques regardent Mahmoud comme le dejéal ou l'Antechrist dont l'apparition doit annoncer la fin des siècles; déjà ils croient voir le soleil se *lever du côté de l'Occident*, comme cela est dit dans le prophète, et tous ces bruits de changements et de révolutions ne sont que le sinistre mouvement de la destruction du monde et du dernier jugement. Dans la Turquie d'Europe ou la Roumélie, la réforme ne trouve pas des dispositions plus favorables dans le peuple; nous avons pu juger de la situation des esprits par ce qui s'est passé à Andrinople à l'arrivée des Russes. Une ville musulmane, tombée au pouvoir des *infidèles*, aurait réveillé autrefois le courage du désespoir parmi les Osmanlis; mais on ne voit plus aujourd'hui dans une conquête de chrétiens qu'une punition de Dieu qu'on doit souffrir avec résignation. Dans les contrées les plus belliqueuses, on ne s'en est pas tenu à une désapprobation muette et inactive : les Albanais et les Bosniaques ont montré leur opposition les armes à la main.

.... « Ce n'est pas assez que la discipline ait fait quelques progrès; il ne suffit pas de passer des revues et d'exercer des soldats devant une caserne; il faudra que toutes ces milices soient soumises à une dernière épreuve, à celle du champ de bataille. Toute guerre étrangère étant impossible, la guerre civile peut seul offrir à Mahmoud l'occasion et le moyen d'achever sa réforme commencée. La révolte des Albanais est, dit-on, apaisée; mais que de rébellions peuvent naître encore dans une époque de décadence qui encourage toutes les ambitions si la nouvelle armée du sultan triomphe des ennemis ou des révoltés qu'elle aura devant elle, alors la réforme aura la sanction de la victoire, et le succès sera pour les Turcs comme une sanction du ciel; si les milices succombent, il faudra bien se résigner, et dire avec les mécontents fanatiques que Dieu veut la ruine de l'empire d'Osman.» (*Correspondance d'Orient*, par MM. Michaud et Poujoulat, lettre XLIII).

Imprimerie de Ch. Lahure (ancienne maison Crapelet)
rue de Vaugirard, 9, près de l'Odéon.

www.ingramcontent.com/pod-product-compliance
Ingram Content Group UK Ltd.
Pitfield, Milton Keynes, MK11 3LW, UK
UKHW021047230726
13926UKWH00004B/1704